지금은
강남시대

지금은 **강남시대**

2017년 4월 15일 초판 1쇄 발행

지은이 공희준
펴낸이 길도형
디자인 김정덕
인쇄 영림인쇄
펴낸곳 타임라인
출판등록 제406-2016-000076호
주소 10881 경기도 파주시 회동길 445-4 301호
전화 031-8071-8667 팩스 031-8071-8668
E-mail jhanulso@hanmail.net
ⓒ 공희준, 2017
ISBN 978-89-94627-59-5 03340

이 도서의 국립중앙도서관 출판예정도서목록(CIP)은
서지정보유통지원시스템 홈페이지(http://seoji.nl.go.kr)와
국가자료공동목록시스템(http://www.nl.go.kr/kolisnet)에서 이용하실 수 있습니다.
(CIP제어번호: CIP2017008344)

공희준 정치 에세이

계급영향평가의 관점에서 바라본 21세기 한국 정치

지금은 강남시대

타임
라인

국회 앞에서

"강남이었으면
민란이 났어도 벌써
몇 번은 났을 거야."

차가운 겨울바람이 쌩쌩 휘몰아치는 왕십리역의 지상 승강장에서 오랫동안 전동차를 기다릴 생각을 하니 나도 모르게 입에서 장탄식이 흘러나왔다. 회기역으로 향하는 경의·중앙선 전철을 간발의 차이로 놓치고, 다음에 도착할 차량이 어디쯤 와 있는지 안내판을 확인해 보니 다음다음 열차도 아니고 바로 다음 차의 현재 위치가 저 멀리 공덕역이었기 때문이다.

크고 작은 사고에 따른 전철의 지연 운행은 흔히 있는 일이다. 퇴근 시간대에 정상적으로 열차 운행이 이루어지고 있음에도 선행 열차와 후행 열차의 물리적 간격이 성동구 왕십리와 마포구 공덕역 사이의 거리만큼 벌어져 있다면 이건 보통 문제가 아니다.

나는 명색이 수도권의 핵심적 대중교통망 가운데 하나인 경의·중앙선의 운행

횟수를 대폭 증편해야 한다고 촉구하는 공중파 텔레비전 뉴스나 중앙 일간지 기사를 본 기억이 거의 없다. 물론 이 주제가 전혀 취급되지 않았을 리는 없다. 그러나 현재의 대한민국 오피니언 리더들에게 경의·중앙선을 타야만 하는 수백만 수도권 시민들이 겪고 있는 고통과 싸증과 불편함은 반드시 끈질기게 풀어 나가야만 할 자신의 숙제가 아님은 확실하다.

반면에 꼼꼼하게 따져 보면 별일이 아님에도 아주 중요한 현안으로 주기적으로 다뤄져 온 문제도 있다. 장마철이면 어김없이 반복되는 강남역의 침수 사태가 그것이다. 아마 금년 여름에도 강남역 주변의 도로와 건물들이 폭우로 물에 잠겼다는 소식을 우리는 또다시 접하게 될 가능성이 크다. 문제가 제기되는 비중과 빈도에 비례해 해결의 노력은 증가하기 마련이다. 적잖은 예산과 사회적 관심이 강남역 상습 침수의 해결을 목적으로 또다시 퍼부어질 게다.

그런데 잠깐 생각해 보자. 강남역 침수 사태로 불편을 겪을 시민이 많을지, 아니면 띄엄띄엄 다니는 경의·중앙선 때문에 불편을 겪을 시민들이 더 많을지를. 더욱이 매년 장마철이면 강남역에서 벌어지는 침수 사태 정도의 물난리는 전국 곳곳에서 무수히 생겨난다.

여기에서 우리가 유심히 주목해야만 할 부분이 있다. 힘 있는 곳에서 발생한 문제만 문제가 된다는 점이 바로 그것이다. 이를테면 대한민국에서 말깨나 하고 글깨나 쓴다는 사람들은 강남역에 가 볼 경우는 많아도, 경의·중앙선을 이용할 경우는 대단히 드물다. 내 눈에 당장 보이는 문제만 진짜 심각한 문제로 느끼는 것은 인간의 본성이다. 힘 있는 사람의, 힘 있는 계층의 눈에 띈 문제만이 시급한 사회적 의제로 대두되는 까닭이다. 21세기의 대한민국은 돈이 곧 힘인 전형적 금권 사회다. 가진 자들의 고통만이 고통으로 느껴지도록 국가 시스템이 작동하고, 힘센 계층의 불편함만이 불편함으로 여겨지게끔 언론의 보도망과 지식인의 감시망이 가동된다.

한겨레신문이나 경향신문 등의 내로라하는 진보 언론을 관찰하면 미국에서 총기 사건으로 한 명이 사망하는 일은 세계적인 톱뉴스가 되고, 이라크나 아프가니스탄에서 미군의 오폭으로 수백 명의 무고한 민간인이 희생된 사건은 짤막한 단신으로 처리되는 강자 중심의 왜곡된 국제 질서를 개탄하는 논조의 기사와 칼럼이 자주 등장한다.

등잔 밑이 어두운 것일까? 이렇게 바다 건너 일에는 공정하고 균형 잡힌 잣대를 들이대려고 시도하는 우리나라의 진보 매체들이 정작 내 나라의 형편에 관해서는 낡은 외신의 틀을 고스란히 답습해 왔다. 그 결과 이제 한겨레신문이나 경향신문은 부유하고 스펙 화려한 강남좌파 지식인들의 주장과 의견은 뻔질나게 실려도 평범한 강북 서민의 목소리는 접하기 힘든 폐쇄적 귀족 매체가 되었다.

노동을 대할 때의 시각과 태도 또한 마찬가지다. 경향과 한겨레는 민주노총과 전교조로 대표되는 강력한 거대 기득권 노조의 이해와 요구는 대변할지언정 경비 아저씨와 식당 아줌마, 혹은 편의점 아르바이트 같은 비정규직 노동자들의 눈과 귀와 입 역할을 해 주지는 않는다. 이러한 연유로 전국에서 1인당 GDP가 가장 높다는 울산과 창원이 여전히 노동자의 해방구쯤으로 시대착오적인 찬양을 받고 있는 아이러니한 현실이다.

연봉 1억 원 이상을 받는 안정된 직장인의 비율이 강남구와 서초구 못잖은 부자 동네가 울산과 창원이다. 더욱이 그 안정된 고소득 직장을 자기 자식들에게 물려준답시고 유수의 노동조합들이 단체협약의 중요한 내용으로 직원 자녀의 채용 특혜를 명기할 것을 회사 측에 압박하고 있는 실정이다. 그 덕분에 한국에서 신데렐라가 될 수 있는 기회는 좀 더 다양해졌다. 기존의 재벌 2세에 더해 노조 2세를 만나도 단번에 팔자를 확 고칠 수 있을 테니까. 재벌 회장도 세습, 노조원도 세습. 젊은이들이 '헬조선'이라고 아우성칠 수밖에 없는 희망도, 미래도 없는 암울한 상황으로 우리는 더욱더 깊이 빠져들고 있다.

"왕후장상의 씨앗은 따로 없다!"

중국 진나라 말기, 진승과 오광은 이렇게 외치며 봉기를 일으켰다. 최충헌의 가노인 만적 역시 왕후장상의 씨앗은 따로 없다고 선언하면서 수도 개경의 노비들을 규합해 부패한 고려의 무신 정권을 뒤엎으려 했다. 그들의 시도는 당대에는 실패했지만, 이후의 역사의 흐름은 평능을 향해 비록 느릴지언정 불가역적으로 도도하게 나아갔다.

진승과 오광과 만적이 21세기의 한반도에 태어난다면 능지처참을 당할 각오로 다시금 반란을 꾀할 것이 분명하다. 오늘날의 한국 사회는 왕후장상의 씨앗이 따로 있는 것 정도로는 성이 차지 않는지, 웬만큼 괜찮다는 직업과 직장은 모조리 대물림되는 역주행이 공공연히 자행되고 있는 탓이다.

재벌 회장 자식이 재벌 회장 되는 건 이미 주지의 사실이다. 사법고시가 폐지되고 로스쿨 도입이 강행되면서 판검사의 자식만이 판검사가 되는 길이 활짝 열렸다. 끗발 있는 노조들은 정규직의 자식만이 정규직이 되는 그릇된 채용 관행을 관철시키려고 광분하는 중이다.

어디 그뿐이랴? 요즘 대세라는 연예인 가족들이 출연하는 형식의 예능 프로그램들은 연예인 자식만 연예인 되는 일그러진 대중문화 풍토를 착실히 조성해 가는 중이다. 외무고시와 행정고시 철폐 움직임과 머잖아 현실화될지도 모를 공무원 시험 전편 폐지는 공무원 자식만 공무원 되는 기막힌 관료 사회를 일궈 놓을 것이 틀림없다.

나는 '여당도 영남, 야당도 영남'인 영남패권주의가 '보수도 강남, 진보도 강남'인 강남패권주의로 한층 더 업그레이드 될 것임을 경고하는 책을 총선과 대선이 같은 해에 치러진 2012년 봄에 펴낸 적이 있다. 내 경고는 절반은 들어맞았다. '보수도 강남, 진보도 강남'인 정치 구도가 박근혜 대통령 탄핵 국면을 거치면서 '촛불 주도 세력도 강남, 태극기 주동 집단도 강남' 식으로 강화되면서 확고부동하게 정착된 연유에서다. 내 경고는 나머지 절반은 틀렸다. '보수도 강남,

신보도 강남'인 '강남천국 강북지옥!'의 극도의 불평등한 사회는 2012년 기준에서 미래의 일이 아니라 벌써 과거의 사건인 탓이었다.

어둠이 깊으면 아침이 멀지 않았다는 증거이기도 하다. 영국의 브렉시트도, 미국의 트럼프 당선도 기득권 엘리트들끼리 적당히 편을 갈라 적대적 공생 관계를 형성하고서 엘리트에 의한, 엘리트를 위한, 엘리트의 나라를 만든 데 대한 민중의 반감과 분노가 마침내 대폭발해 빚어진 현상이었다.

한국 사회에서 많이 가지고, 많이 배우고, 그리고 강남의 값비싼 아파트에 산다는 결정적 공통점을 지닌 제한된 범위의 특정한 소수의 사회 구성원들이 보수와 진보로 또는 우파와 좌파로 각각 교묘하게 역할 분담을 하면서 강남에 의한, 강남을 위한, 강남의 나라를 만든 데 대한 서민 대중의 분노가 조만간 폭발할 것이라고 나는 믿는다.

강남우파는 기업하기 좋은 나라를 만든다는 허울 좋은 핑계 아래 재벌 하기 좋은 나라를 만들어 냄으로써 민주공화국인 대한민국을 계급사회 단계로 되돌렸다. 재벌은 왕처럼 살고, 비정규직 노동자와 영세 자영업자들은 농노처럼 사는 국가가 저들 강남우파의 꿈이고 로망이다.

강남좌파는 신자유주의와 싸운다는 그럴 듯한 구실을 둘러대면서 공무원 하기 좋은 나라를 만들어 냄으로써 한국 사회를 반상의 구별이 엄격한 신분제 사회로 급속히 후퇴시켰다. 공무원은 양반처럼 군림하고, 국민들은 상놈처럼 굽실거리는 나라가 이들 강남좌파의 이상향이고 유토피아다.

저절로 타도되는 계급사회는, 알아서 무너지는 신분제 질서는 동서고금을 막론하고 이 세상에 존재하지 않아 왔다. 민중의 저항과 불복종이 불평등한 계급제도를 철폐하고 불공정한 신분제 체제를 타파시켰다. 21세기 한국의 계급 철폐 투쟁에서, 신분제 타파 싸움에서 기존 정치인과 기성 정당은 거의 예외 없이 타도 대상이 될 수밖에 없다. 그 원인은 그들 스스로 제공하고 있다.

대개의 정치인들은 정치를 시작한 이유가 국민의 눈물을 닦아 주는 데 있다고 말한다. 대부분의 정당들은 약자를 보듬어 주기 위해서 창당했다고 이야기한다. 아니, 국민이 불우이웃인가? 민중이 떨어지는 낙엽만 봐도 눈물을 흘리는 무슨 사춘기 소녀인가? 국민들에게 "당신들은 약자입니다. 따라서 저의 친절한 도움과 보살핌이 절대 필요합니다"라고 끊임없이 속삭이는 이런 신파조 동정이나 권하는 기존 정치인들이야말로, 패배주의를 부추기는 기성 정당들이야말로 실질적 계급 차별을 유지시키는 전범典範들이자, 사실상의 신분제 사회를 확대재생산하는 부역자들이라고 나는 확신한다. 이러한 정치인들과 정당들의 시시콜콜한 일거수일투족을 소개해 주는 언론이 탈진실(*Post-Trunt*) 시대의 생모이자, 가짜 뉴스의 산실이다.

정치는 약자를 강자로 만드는 일이다. 리더는 양을 사자로 바꿔 내는 사람이다. 불공정이 득세하고, 불평등이 창궐하는 불의한 시대일수록 약자를 강자로 만드는 정치인이, 양을 사자로 바꿔 내는 정당이 더욱더 절실히 필요하다. 그러한 정치와 정당만이 강북에서 1등이면 강남에서도 1등인 정의롭고 평등한 세상을 치밀하게 기획하고 담대하게 구현할 수 있기 때문이다. 본서가 '정치는 국민과 함께하는 위대한 도전과 모험'이라고 생각하는 이들에게 한 번쯤 꼭 읽히는 책이 되기를 바란다.

2017년 봄, 여의도의 어느 건물 7층에서

▪감사의 말▪

표 찍는 기계에서
표 받는 인간으로

정치와 축구는 두 가지 공통점이 있다는 우스갯소리가 오랫동안 회자되어 왔다. '해설자는 누구나 할 수 있지만, 선수는 아무나 할 수 없다'는 이야기가 그것이다. 그렇다면 정치에 관련된 글을 써 내는 일은 어떻게 정의할 수 있을까? 누구나 할 수는 있으나, 아무나 잘할 수는 없는 것이 정치에 관한 글쓰기일 듯하다.

대통령 선거를 즈음해 정치를 소재로 한 글들이 차고 넘치는 요즘이다. 긴 글과 짧은 글, 진지한 글과 가벼운 글, 설득하는 글과 선동하는 글, 소통이 목적인 글과 일방적 주장으로 도배된 글, 지면으로 읽는 글과 컴퓨터 모니터나 휴대전화로 읽는 글, 전문가의 글과 일반인의 글, 보수 논객의 글과 진보 지식인의 글에 이르기까지.

이 세상의 잉크를 당장에 전부 다 써 버릴 기세로 쏟아져 나오는 허다한 정치적 글들에도 불구하고 나는 심각한 허기를 느껴 왔다. 부유하고 스펙 화려한 강남 사람들의 관점과 입장에서 작성된 글들이 언제부터인가 정치를 다루는 글들의 거의 대부분을 차지해 왔기 때문이다. 바로 이 지점이 이 책이 태어나게 된 기본적 문제의식이다.

본서는 철저히 서울 강북의 평범한 서민 대중의 시각에서 현실 정치를 바라본 글들을 묶어 놓은 책이다. 따라서 강남 사람들이 만들어 놓은 이른바 프레임 안에서 정치적 사건들을 평가하고 사회적 현상들을 이해하는 데 익숙해진, 정확히 표현하자면 길들여진 대다수 독자들에게 본서는 상당히 생경하고 이질적인 인상으로 다가올 것이 틀림없다.

우리나라에서 사회경제적 불평등이 가장 극적으로 표출되는 경우가 강남과 강북 간의 극단적으로 양극화된 격차다. 단적으로 모든 강남아줌마들이 잠재적 최순실은 아닐지라도, 모든 잠재적 최순실들은 강남아줌마라고 할 수 있을 만큼 21세기 한국 사회의 부와 권력은 물론이고 심지어 명성과 인맥 같은 사회적 자본조차도 서울 강남에 극단적으로 편중되어 있다. 특정한 행정 구역에 몰려 사는 소수의 사람들이 한 나라의 권력을 전일적으로 틀어쥔 사례는 오늘날 공식적으로 자유민주주의를 표방하고 시장경제 체제를 채택한 국가들 중에서 오직 한국이 유일할 게다.

나는 흔히 강남 또는 강남권으로 호명되어 온 특정한 행정 구역에 거주하지 못하는 평범한 서민도 정치적 발언과 글쓰기를 할 수 있다는 가능성을 이 책을 통해 과감하게 증명하고 싶었다. 편안한 강남 금수저의 무책임한 낭만적 감성이 아닌, 고단한 강북 흙수저의 절박한 현실적 감각으로 대한민국 정치의 현재를 진단하고 미래를 전망하는 책을 쓰고 싶었다.

강북은 단지 서울의 강북만을 가리키지 않는다. 행정적 차원의 강북이 서울의 강북 지역만을 뜻한다면 본서에 함의된 정치경제적 층위의 강북은 강남구와 서초구가 쌍끌이를 하는 서울 강남권을 제외한 전국의 나머지 모든 지역들을 지칭한다.

내로라하는 출판사들이 서울 강남에 살고 있는, 게다가 국내 유수의 언론 매체의 기자들과 이런저런 인적 네트워크로 얽혀 있는 이름값 높고 시장성 검증된 필자들을 섭외하려고 혈안이 되어 있다. 이제는 출판 시장을 쥐락펴락하는 문화 권력의 큰손들마저 서울 강남에 집중된 씁쓸한 세태의 적나라한 반영이다.

명성도 보잘것없고 시장성도 검증되지 않은, 더욱이 한국 정치의 주류적 대세와는 궤와 결을 크게 달리하는 무모한 이단아라고 할 나에게 출판의 기회가 운 좋게 찾아온 것은 전적으로 도서출판 타임라인의 길도형 대표님의 통 큰 결단 덕분이었다. 길도형 대표님과 필자 사이에 인연의 다리를 놓아 주신 <지역평등시민연대>의 주동식 대표님의 자상한 배려가 없었다면 나는 책을 펴낼 엄두를 감히 내지 못했을 것이 분명하다.

글을 쓰려면 쾌적한 환경의 집필 공간이 있어야 한다. 내가 마음 놓고 책을 읽고 글을 쓸 수 있는 공간을 벌써 몇 년째 기꺼이 내어 주고 계신 <21세기경제학연구소>의 최용식 소장님과 양승국 사무국장님 또한 결코 빼놓아서는 안 될 본서의 산파들이시다. 추천사를 흔쾌히 써주신 <데이터정치연구소>의 최광웅 소장님과 정치평론가 고원 교수님은 본서에 과분한 가치와 품격을 선물해 주었다.

기혼자의 책은 배우자와의 공동 저작물이라고 해도 결코 과언이 아니리라. 그러므로 이 책의 절반 이상은 존경하는 아내 박혜신이 썼다고 해야만 옳을 것이다. 사랑하는 딸 공지명도 책이 숙성되어 가는 과정에 적잖이 힘을 보탰다. 글쓰기 작업이 힘들고 싫어질 때마다 딸아이의 재롱은 반가운 격려와 무거운 채찍질이 되었다.

마지막으로 감사를 드려야 할 사람들은 필자의 이웃인 월계동 주민들이다. 그들의 성실한 노동과 정직한 삶은 정의롭고 평등한 세상을 반드시 만들어야만 한다는 확신과 의무감을 내게 부단히 일깨워 주었다. 강북의 평범한 주택가들이 표를 찍는 사람들만 사는 곳만이 아니라 표를 받는 사람들도 사는 곳으로 나아가는데 이 책이 작지만 의미 있는 첫걸음이 되기를 바란다.

북한산이 내다보이는 월계동의 한 작은 아파트에서

정치란 약자를 강자로 만드는 일, 양을 사자로 바꿔 내는 일

고원(전 서울과학기술대 교수 · 정치평론가)

공희준은 세간에 별로 알려지지 않은 사람이다. 별스런 사회적 지위를 갖고 있지도 않다. 말도 표정도 어눌하다. 그러나 그를 만나서 대화해 본 사람들은 '세상의 숨은 고수'가 무슨 뜻인지를 실감하게 된다. 일류대를 나오고, 가방끈이 길고, 정치평론계에서 명함을 팠다고 할 정도는 되는 내가 그 앞에서 자주 할 말을 잃는데, 그 이유는 그가 사회현상의 핵심을 허무할 정도로 간단히 설명해 버리기 때문이다. 자주 의표를 찔린 기분이 드는 것이다.

공희준은 독특한 사람이다. 그가 사고하고 말하는 방식은 나와는 완전히 다르다. 다시 말해서 사회과학적 논리 훈련을 받은 사람과는 문법이 전혀 다르다. 사회과학적 논리보다 더 핵심을 정확하게 파고든다. 그래서 신선하다.

그의 문체의 생명력은 무엇보다 촌철살인의 비유법(메타포)에 있다. 세상에서 제일 지능적인 사람이 필요할 경우 주판을 몽둥이로도 유연하게 사용할 줄 아는 사람이란 표현은 고대 수사학자가 울고 갈 만 한 탁월한 수사이다.

그의 시선은 실생활 세계에 대한 면밀한 관찰과 이면의 모습을 뒤집어 들추어 내는 데서 아주 통렬하면서도 장쾌하다. 띄엄띄엄 오는 경의 · 중앙선에서, 침수 사태를 겪은 강남역에서 그는 한국 사회의 모순이 집적되어 있는 서울의 계급 지도를 낱낱이 읽어 낸다.

그는 한국사회의 핵심 모순을 강남 대 강북의 구도로 파악한다. 그에게 강남이란 특정 지역이라기보다는 한국의 계급 사회를 나타내는 상징적 은유다. 판검사의 자식들이 판검사가 되고, 정규직 노조원의 사식들만 정규직이 되며, 공무원의 자식들만 공무원이 되는 기막힌 현실을 지칭하는 개념이다. 그 반대말인 강북은 흙수저들의 고단하고 절박한 삶을 가리키는 개념이다.

더욱 기막힌 사실은 보수도 강남, 진보도 강남인 한국 정치의 현주소다. 그래서 정치를 바꿔야 하는데, 그는 여느 사람들처럼 정치에 대해 국민을 어루만져야 하고 사회를 통합해야 한다는 둥의 시시한 접근을 취하지 않는다. 대신에 그는 일말의 망설임도 없이 정치란 약자를 강자로 만드는 일, 양을 사자로 바꿔 내는 일이라고 말한다. 뼛속까지 서민이고 부끄러울 것도 꿀릴 것도 없는 서민 의식을 갖고 살아가는 그의 삶의 태도가 묻어나는 것이지만, 나는 책 전체를 관통하는 이런 관점과 태도가 가장 공감되는 부분이다.

그는 한국사회에서는 어떤 개혁이든 급진적 개혁일 수밖에 없다고 확언한다. 보통 기성 정치인들은 개혁에 통합이니, 중도니 하면서 자꾸 꼬리표를 달지 않으면 뒷맛이 개운치 않다고 느낀다. 하지만 개혁에 꼬리표를 다는 일이야말로 사족 달기인 것이다.

나는 공희준 선생의 책이 여러 기득권 질서의 이데올로기에 알게 모르게 때가 낀 우리 허위의식을 넘어 세상을 좀 더 냉철하고 호쾌하게 바라보는 데 많은 도움이 될 거라고 본다. 그래서 이 책을 강추한다.

강남을 벗어난 전국이 사실상 강북. 전국의 강북 주민들에게 드리는 글.

최광웅(데이터정치연구소 소장)

단 하루도 빠짐없이 SNS를 뜨겁게 달구는 독설가 공희준 작가는 신조어新造語의 대가다. 전혀 어울릴 것 같지 않은 강남과 좌파를 한데 묶어 '강남좌파'라는 말을 만들어 냈다. 존재는 전문직 또는 고소득을 올리는 중·상류층이면서도 의식은 마치 마르크스를 흉내 내며 서민 편이라고 거짓 선동을 일삼는 것을 비꼬았다. 존재와 의식이 따로 따로 노는 이와 같은 현상은 사실상 가진 자의 위선이다.

프랑스는 이미 1980년대에 파리판 강남좌파가 있었다. 말로는 사민주의를 주창하면서도 호화로운 생활을 즐기던 이른바 '캐비어좌파(*Gauche caviar*)'가 그들이다. 캐비어는 철갑상어 알 요리이며, 세계 3대 진미 가운데 하나로 통하는 프랑스에서도 아주 고급으로 통한다. 미국의 강남좌파는 6.8혁명 이후 등장한 '리무진 리버럴'이다. 전통적으로 노예제도를 찬성한 남부의 목화 농장주들을 지지 기반으로 한 민주당에서 고급 승용차인 리무진을 타고 다닐 정도로 매우 화려한 부자 좌파가 가난한 사람을 위한다는 것이 이중적이라는 의미에서 이를 비꼰 말이다.

대한민국이든 프랑스든 『체 게바라 평전』을 펼쳐 놓고 값비싼 스타벅스 커피를 마시는 강남좌파는 결코 서민의 편이 아니다. 공희준 작가의 말처럼 서민들에게 정말 필요한 '도전과 모험 정신'을 방해하는 사회악임이 확인되고 있다. 2015년 현재 강남좌파가 속한 상위 10퍼센트가 소득의 48.5퍼센트를 가져간다. 전두환 전 대통령 시절인 1985년(34퍼센트)과 김영삼 전 대통령 시절인 1995년(34.7퍼센트)과 비교하면 엄청난 격차라고 할 수 있다. 하지만 노무현 전 대통령 시절인 2005년(44퍼센트)과는 별 차이가 없는 것을 보면 강남좌파로의 소득 집중 현상은 이미 민주정부 때부터 시작된 것이다. 이른바 이명박근혜 정권 탓이 아니다.

강남좌파가 속한 인원 상위 10퍼센트는 공무원, 공공기관과 금융기관 임직원, 학교 교직원, 변호사·의사 등 전문직 대부분이 포함된다. 민주노총과 한국노총에 소속된 대기업 사업장 근로자들도 빠지지 않는다. 참여정부 5년 사이 공무원 인건비는 무려 88퍼센트, 연평균 17.6퍼센트가 증가했다. 기획재정부의 '공무원 정원 및 인건비 예산 내역'에 따르면 2008년 이미 52개 중앙행정기관 소속 국가직 평균 연봉은 5,151만 원이었다. 행정자치부의 재무 보고서를 보면 2008년 지방직 평균 연봉 역시 4,575만 원으로 대기업 상용직 평균연봉(4,705만 원)을 상회했다.

우리나라는 공무원 보수가 공공기관 및 대기업 임금 인상의 기준으로 작용한다. 참여정부 기간 중 신한·국민·하나·우리은행 등 4대 시중 은행 직원들의 평균 연봉도 연평균 7.5퍼센트가 올랐다. 그래서 2008년 평균 연봉이 5,916만 원으로 훌쩍 뛰었다. 제조업의 도시 울산은 참여정부 시기에 제2의 도약을 맞이한다. 통계청의 제조업 급여액 현황 조사 자료를 보면, 울산 지역 제조업 전체 종사자 급여액은 연평균 9.8퍼센트나 비약적으로 성장한다. 같은 기간 경제 성장률 4.5퍼센트와 비교하면 두 배 가까운 경이적인 기록이다. 조립 공장에 불과한 현대자동차 역시 연평균 4.3퍼센트의 임금 인상을 기록해 2008년 이미 평균 연봉이 1인당 GDP의 세 배(6,800만 원)에 이르는 고소득을 올린다. 현대자동차 본

사는 히필이면 서초구 양재동에 자리잡고 있다. 해마다 임금 인상을 둘러싸고 울산에서 상경한 금속 노조원들이 강남 한복판에서 빨간 머리띠를 두르고 '노동가요'를 힘차게 부르는 광경을 어렵지 않게 목격할 수 있다.

물론 노동조합은 없으나 2013년부터 평균 연봉 억대를 자랑하는 국내 최고 직장 삼성전자도 강남 한복판인 서초동 사옥이 사실상의 본사 역할을 하고 있다. 등기상 본사는 수원이지만 경영진의 근무와 이사회 및 주주총회 등을 서초 사옥에서 연다. 반도체 라인 백혈병 피해자들의 노숙 투쟁이 이루어지고 있는 현장이 바로 이곳인 까닭이다. 대학 교수들의 연봉도 상상 이상이다. 국회 국정감사 자료에 의하면 정교수를 기준으로 2008년 당시 최고 연봉은 가톨릭대 성의캠퍼스로 1억 7,300만 원이었다. 서초구 반포동에 위치한 서울 성모병원을 운영하며 의대와 간호대학을 비롯한 관련 학과를 개설하고 있다. 서울 성모병원은 전체 의사들의 평균 연봉이 빅5 병원(삼성서울 · 세브란스 · 서울대 · 서울아산병원 · 서울성모병원) 가운데 가장 높다.

2015년 현재 국세청에 연말 정산을 신청한 강남 3구 주민들이 납부한 소득세는 전 국민의 13.9퍼센트였다. 하지만 이곳에 거주하는 인구 비중은 고작 3퍼센트에 불과하다. 그런데 이보다 두 배 가까운(5.8퍼센트) 주민들이 모여 사는 강북 8구(성북 · 강북 · 도봉 · 노원 · 동대문 · 중랑 · 성동 · 광진)에서 걷히는 소득세는 겨우 3.4퍼센트에 그쳤다. 강북 8구는 근로소득 평균이 4,000만 원 안팎이지만 강남 3구는 10억 원 가까이 이르기 때문이다.

한국은행 국민대차대조표 자료를 분석해 보면 2000년 이후 전국 땅값은 5,000조 원 이상, 집값은 2,700조 원 이상이 폭등했다. 특히 참여정부 기간 중 땅값은 2,300조 원, 집값은 1,130조 원이 올랐다. 민주화 직후인 1988년에는 강북이 강남보다 아파트 값이 비쌌다. 강북은 320만 원, 강남은 평균 290만 원이었다고 한다. 2000년 당시 타워팰리스가 평당 900만 원에도 미분양이었을 만큼 강남은 그다지 인기 있는 지역이 아니었다. 하지만 이후 강남3구를 중심으로 아파트 값이 급등하기 시작했으며, 강남·북 격차도 함께 뒤따랐다.

공희준 작가는 '보수도 강남, 진보도 강남인 시대'라고 소리 높여 외친다. 하지만 우리는 벌써 2016년 가을 '돈도 실력이야, 니네 부모를 원망해!'라는 정유라의 말을 들으며 '강남천국, 강북지옥'을 실감했다. 강남천국은 최순실처럼 대한민국 상위 1퍼센트만 산다는 청담동 피엔폴루스 오피스텔에서 독립된 전용 엘리베이터와 최고급 벤츠 승용차를 즐기는 사람만의 전유물이 아니다. 평균 연봉 6,000만 원인 하급 공무원들마저 소득 상위 15퍼센트가 되어 버린 나라. 그래서 대학 졸업장을 가진 젊은이들까지 너도나도 7, 8년씩 아까운 청춘을 허비하는 이유가 바로 강남천국에 들어가기 위해서이다. 하지만 이는 낙타가 바늘구멍을 통과할 만큼 확률이 매우 낮은 일이다.

그렇다면 차라리 지옥같이 변해 버린 강북을 원위치로 되돌리는 편이 낫지 않겠는가? 이 책은 그저 단순한 강남패권 청산뿐만이 아니라 강북을 지키면서 강북지옥을 탈출하려는 강북 주민을 위해 쓴 글이다. 강남을 벗어난 전국이 사실상 강북이다. 전국의 강북 주민들에게 일독을 권한다.

차례 ■

트럼프를 생각한다

　　　　　　　　　　미국은 민주주의 국가다. 국민이 나라의
주인인 곳이다. 미국은 영웅주의 국가다. 소수의 영웅이 다수의 대중을 이
끄는 사회다. 민주주의와 영웅주의, 상식적으로 생각한다면 도저히 양립
하기 어려운 개념이다. 미국은 이 양립하기가 거의 불가능한 두 가지 개념
을 성공적으로 조화시켜 왔고, 그 덕분에 세계 최강의 나라로 오랫동안 군
림해 오고 있다.

　등소평(덩샤오핑)이 정권을 잡은 이래로 꾸준히 추진해 온 개혁개방 정
책의 성과 덕분에 중국이 미국과 어깨를 나란히 하는 G2 체제가 성립되
었다고는 하지만, 중국이 명실상부한 초강대국으로서 미국을 따라가려면
아직 한참 멀었다. 단적으로 미국이 중국 바로 코밑에 설치하려는 사드(고
고도미사일 방어 체계)가 그 증거이리라. 사드와 비슷한 무기 시스템을 중국
이 미국의 뒷마당격인 카리브 해에 언제쯤 들여놓을 수가 있을지는 아무
도 알 수 없는 일이다. 미국의 턱밑에 대못을 박으려던 소련의 야심찬 시
도가 참담한 실패로 끝나면서 후르시초프는 크렘린에서 조용히 짐을 싸야
만 했다.

그렇다면 미국은 민주주의와 영웅주의를 어떻게 무리 없이 같은 그릇에 넣고서 맛있게 비벼 먹을 수 있었을까? 비결은 누구나 영웅이 될 수 있다는 데 있었다. 영웅의 존재와 역할을 부정하는 방향으로 민주주의를 발전시켜 온 다른 나라들과 달리, 미국은 영웅이 될 수 있는 기회와 가능성을 보다 넓은 범위의 사람들에게 확장해 가는 형태로 미국식 민주주의를 꽃피워 왔다.

슈퍼맨은 한국인들에게도 친숙한 미국을 대표하는 영웅상이다. 그래도 역시 미국인들에게 제일 사랑받는 보편적 영웅의 표상이라면 서부 영화의 고전이라고 일컬을 「하이 눈(1952년 개봉작)」에서 게리 쿠퍼가 연기한 것과 같은 정의로운 보안관일 것이다. 슈퍼맨이든 보안관이든 모든 영웅은 고독하다. 외롭기에 그들은 더욱더 강해져야만 하고, 그렇게 남달리 강해진 까닭에 영웅들은 내면의 착한 마음씨에도 불구하고 평범한 이웃들과 쉽게 어울리지 못한다. 이웃들과 어울리지 못하는 탓에 영웅들은 공동체의 평화와 안전을 위협하는 악의 무리들과 홀로 싸우기 일쑤다. 그 많은 악당들에게 '단독'으로 맞서서 승리를 쟁취하는 때야말로 그들이 진정한 영웅이자 공동체의 구성원으로서 존경받고 인정받는 순간이다.

한국 영화의 관람객 수가 할리우드 영화의 흥행 성적을 압도하는 시대에, 더군다나 서부 영화는 이미 오래 전에 박물관에 보내 버린 시대에 웬 뜬금없이 영웅 타령이냐고 타박할지도 모르겠다. 그러나 미국식 영웅 탄생의 법칙을 이해하지 못하면, 미국의 대통령 선거의 중요한 본질을 통찰할 수가 없다. 미국의 대선은 근본적으로 4년 임기의 영웅을 뽑는 행사이기 때문이다.

돌이켜보라. 1960년에는 케네디가 닉슨보다도 영웅처럼 보였다. 1980년에는 레이건이 카터보다도 더 영웅처럼 보였다. 아들 부시는 거칠고 투박했을지언정 전쟁 영웅처럼 보인 데 비해 그와 싸웠던 민주당 대선 후보들은 비록 출세하고 성공은 했지만, 별다른 카리스마가 없는 그저 그런 직업 정치인으로 보였다. 빌 클린턴과 버락 오바마는 그들 나름의 개인적 영웅서사가 뒷받침된 반면에 그들이 상대한 공화당 후보들은 평범한 샐러리맨들처럼 보였다. 미국의 선거는 정당 선거이기 이전에, 정책 선거이기 이전에, 정권 심판을 위한 선거이기 이전에, 미래 비전을 제시하는 선거이기 이전에, 떼거지로 나타나는 지질한 악당들을 자기 혼사반의 힘으로 통쾌하게 물리치는 강하고 고독한 영웅을 만들어 내는 고도로 연출된 대서사시인 것이다.

현재 태평양 건너 미국에서는 공화당의 도널드 트럼프와 민주당의 힐러리 클린턴이 다음번 백악관의 주인 자리를 놓고 치열한 경쟁을 벌이는 중이다. 여론조사로는 힐러리가 우세를 점하고 있다는 분석이 주류다. 게다가 힐러리 진영에는 현직 대통령 오바마, 전직 대통령이자 남편인 빌 클린턴, 뉴욕타임스와 CNN으로 상징되는 거대 기성 언론, 그리고 노벨 경제학상을 수상한 톰 크루그먼과 진보적 언어학자인 노엄 촘스키 교수 같은 내로라하는 유명 지식인들이 든든한 지원군으로 가세해 있다. 겉으로 드러난 세를 무조건 중시하기 마련인, 발표된 여론조사 수치만을 막무가내로 맹신하기 일쑤인 한국식 선거 독법으로는 승부는 이미 결정된 것과 진배없다.

허나 미국식 영웅서사에 비춰보면 무리를 지어 덤벼드는 벌떼 작전은 늘 악역들의 전유물이었다. 반대로 영웅은 언제나 혼자였다. 어쩌면 진짜 악당은 트럼프일지도 모른다. 문제는 그가 마치 블록버스터 영화 속의 슈퍼히어로인 양 고독한 선거운동을, 아주 강력한 메시지를 동원해 펼치고 있다는 점이다. 트럼프의 트위터에 걸려 있는 그의 공식 선거 슬로건은 매우 간명하면서도 대단히 미국적이었다.

'Make America Great Again(미국을 다시 위대하게)!'

한국인이 정情에 의지해 살듯이, 미국인은 위대함을 먹고 살아왔음을 감안하면 오는 11월의 미국 대선이 힐러리의 낙승으로 마무리될 것이라는 대한민국 진보 진영의 기대는 아무런 근거가 없는 일방적 희망 사항에 불과한 듯하다.

이정현을 생각한다

　　　　　　　　　　　　　　혹시나 했는데 역시나였다. 이정현 의원
이 집권 여당인 새누리당의 새로운 당대표로 선출된 소식에 대한 주류 진
보 매체들과 목소리 크고 이름 깨나 알려졌다는 야당 지지자들의 반응은
일반 대중의 예상에서 단 한 치도 벗어나지 않았다. 마치 욕쟁이 올림픽에
라도 출전한 사람들 같은 악담과 저주 일색이었다.

　물론 이정현 새누리당 신임 대표(이하 이정현)는 욕을 먹어도 싼 잘못
을 수없이 많이 저질러 왔다. 무고한 광주 시민을 잔인하게 학살하고 탄생
한 전두환 독재 정권의 중요한 한 축이었던 민주정의당의 당직자로 정치
권에 입문한 것은 이미 지나간 과거라고 치자. 그렇더라도 그가 대통령 홍
보수석비서관으로 재직할 당시에 전 국민을 슬픔과 분노에 잠기게 한 세
월호 침몰 참사의 보도 방향을 청와대에 유리하게 마사지하려는 목적으로
김시곤 전 KBS 보도국장에게 노골적으로 압력을 가한 행위는 앞으로 이
정현의 정치 인생에서 지울 수 없는 오점으로 두고두고 남을 것이다. 더욱
이 박근혜 정권의 국정 실패와 새누리당의 총선 참패에 커다란 책임이 있
는 패권주의적 친박 세력이 8·9전당대회를 통해 되레 기사회생에 성공
함으로써 여권의 진정한 혁신과 과감한 변화를 기대하고 있던 국민들에게

또다시 실망감과 허탈함을 안겨 주고 말았다. 그럼에도 이정현의 새누리당 당대표 취임에는 그냥 간단히 무시하고 넘어갈 수만은 없는 두 가지 정치사회적 함의가 담겨 있다.

첫째는 망국적 지역구도, 좀 더 엄밀히 표현하자면 강고한 영남패권주의에 의미 있는 균열이 생겨났다는 점이다. 영남패권주의는 호남 차별과 동전의 양면 관계를 이룬다. 영남패권주의의 발원지이자 대본영이라고 해도 과언이 아닐 새누리당에서 당원들의 손에 의해 사상 최초로 호남 출신 당대표가 뽑혔다는 사실은 호남에 대한 고의적 차별과 조직적 왕따를 지금까지처럼 지속시켰다가는 정권 재창출은 물론이고 국가 공동체의 존립마저도 위태로울 수 있다는 암묵적 공감대가 이제는 새누리당 안에서도 일각에서나마 존재하고 있음을 알리는 뚜렷한 신호라고 하겠다. 청와대의 지시와 친박 세력의 집단적 몰표가 있었음을 지적하며 아무리 평가절하를 시도한들 이정현은 수만 명 당원들이 중지를 모아 선출한 명실상부한 직선제 당대표이기 때문이다.

이 대목에서 필자는 야권의 현실을 머리에 떠올리면 절로 한숨이 나온다. 보수 정당인 새누리당조차 '호남 출신 불가론'을 비록 정략적 계산에서일지언정 결과적으로 폐기했다. 이와는 대조적으로 야당의 주류는 2002년 방식의 낡고 퇴영적인 '영남후보 필승론'에 여전히 기대고 있다. 손학규 전 새정치민주연합 상임고문을 제외하면 야당의 주요 대선 주자들은 거의 모두가 영남권 인사들이다. 특히 더불어민주당 같은 경우 호남 출신은 대권 도전 자체가 아예 원천 봉쇄되고 있는 정치적 계엄령 상태라고 하겠다.

둘째는 수많은 흙수저들에게 용기와 희망을 주었다는 점이다. 이정현은 말단 직원이라고 할 간사에서 출발해 무려 열일곱 계단을 차례로 끈기 있게 뛰어올라 집권당의 당수가 되었다. 한 마디로 개천에서 용이 난 셈이다. 우리나라 청년들이 대한민국을 '헬조선'이라고 부르며 스스로를 취업과 결혼과 출산을 포기한 '3포 세대'도 모자라, 인생 자체에 대한 희망을 접은 'N포 세대'로 자조하는 데에는 한국 사회가 자신의 노력과 재능만으로는 성공하고 출세하기가 실질적으로 불가능해진 봉건적 계급 사회로 뒷걸음질한 상황이 결정적 영향을 미쳤다. 한때 계층 상승의 사다리로 각광받던 사법고시는 현재 폐지가 예정돼 있다. 그 자리에는 집안에 돈이 있어야만 갈 수 있다는 뜻에서 '돈스쿨'이라 비판받는 로스쿨이 떡하니 들어서 있다. 대부분의 부자들은 선대의 재산을 물려받은 상속 부자이며, 여의도에서는 아버지의 지역구에 손쉽게 무혈 입성한 세습 의원들의 비중이 점점 더 증가하고 있고, 확실한 자수성가의 방법은 오직 로또밖에 남지 않았다.

이처럼 사방이 철벽으로 꽉 막힌 신新 신분제 사회에서 이정현은 변변한 학벌과 배경도 없이 무려 열일곱 계단을 뛰어올라 당대표가 되었다. 기업에 견주면 비정규직 알바생이 최고 경영자의 자리에까지 오른 격이다. 야당 지지자들은 이정현을 내시라고 비아냥대는 분위기이다. 그러나 환관도 열심히 하면 정승판서가 될 수 있는 사회가 진정으로 진보적인 세상임을 그들은 알지 못하는 모양이다. 알고도 모르는 척하거나.

나는 생각이 있는 야당 정치인이라면, 개념이 제대로 박힌 야권 지지자라면 17계단이 아니라 그 두 배인 34계단을 뛰어오른 입지전적 인물을 당대표나 대권 후보로 만들 프로젝트에 즉시 착수해야만 한다고 믿는다. 그런데 실상은 딴판이다. 당장 더불어민주당 당대표 경선만 봐도 소위 일류대를 나왔거나, 이른바 사자 직업을 가진 전형적인 전통적 엘리트들의 폐쇄적 경연장에 다름 아니다. 밑바닥에서 뒹굴며 몸을 일으킨 흙수저 특유의 대담한 모험심과 발랄한 도전 정신은 찾아보기가 어렵다.

우리 민족에게는 임진왜란을 일으킨 철천지원수인 도요토미 히데요시를 조선의 조정은 신분이 미천한 자라고 가벼이 여겼다. 그리고 그런 천한 자가 권력자로 있다며 일본까지 덩달아 깔봤다. 그래서 어떻게 됐나? 미천한 신분일망정 주군의 신발을 가슴에 품어 따뜻하게 하는 자를 관백의 지위에까지 오르도록 허락한 역동적 일본에게 양반과 상놈 따지면서 철저한 신분제 사회를 고수하던 정체된 조선은 임진왜란이라는 전대미문의 화를 당해야만 했다.

국민들이 바라는 것은 출생지가 호남이라고 따돌리고, 스펙과 배경이 보잘것없다고 배제하는 그 나물에 그 밥인 보수적 엘리트와 진보적 엘리트들 사이의 의미도 없고 재미도 없는 그들만의 지루한 밥그릇 싸움이 아니다. '왕후장상의 씨앗은 따로 없다' 고 사자후를 토하며 세상을 확 뜯어고치겠다는 의욕과 기백이 넘쳐흐르는, 시쳇말로 근본 없는 거친 반항아가 주도하는 국민과 함께하는 위대한 도전과 모험이다. 태산은 흙을 가리지 않아 태산이 되었고, 바다는 물을 가리지 않아 바다가 되었다고 한다. 새누리당은 흙을 가리지 않는 시늉이라도 한다. 그런데 야권은 2002년에 반짝 히트한 영남 후보 필승론에 빠져 왜 자꾸만 물을 가리는가?

국민의당은 급진 개혁 정당이 되라

안철수 국민의당 전 상임공동대표와 손학규 전 새정치민주연합 상임고문이 제3지대에서 만나 새로운 중도 개혁 신당을 만들어야 한다는 의견과 제안이 여의도 안팎에서 빈번하게 들려오고 있다.

중도개혁신당 창당을 외치는 인사들은 보통은 두 가지 명제에 입각해 움직이기 일쑤다. 첫 번째 명제는 친박 세력이 주도하는 현재의 새누리당은 극우 보수 정당이라는 것이다. 두 번째 명제는 첫 번째 명제와 동전의 양면 관계를 이루는데, 친노 세력이 기승을 부리고 있는 현재의 더불어민주당은 극좌 진보 정당이라는 것이다. 따라서 중도 개혁 신당은 이 양극단을 배제하고 합리적 보수와 성찰적 진보를 묶는 정당으로서의 정체성을 가져야 한다는 것이 중도 개혁 신당 창당을 추진하는 사람들이 펴고 있는 논리의 대체적 골지다.

그렇다면 새누리당과 더불어민주당의 중간 지대 어디쯤에 위치한다는 중도 개혁 신당은 과연 어떤 일을 하려는 걸까? 중도 개혁 신당론자들은 새누리당과 더불어민주당의 극한 대결을 조정하고 중재하는 것이 주된 임무일 거라고 설명하고는 한다. 한마디로 국회의장 같은 공정한 심판 역할을 맡겠다는 취지이다. 정세균 현 국회의장이 아무리 무능하기로서니 사람을 그런 식으로 망신을 주어서야 되겠는가?

이제 본론으로 들어가자. 역지사지를 해서 필자가 친박 정치인이나 친노 세력의 입장에 있다고 가정해 본다면 중도 개혁 신당론자들의 주장처럼 반가운 것도 없다. 왜냐? 중도 개혁을 말하는 이들은 새누리당이 보수 정당이고, 더불어민주당이 진보 정당임을 일단은 인정해 주고 시작하기 때문이다. 물론 상대의 존재를 인정해 주는 것은 정치의 기본이다. 그러나 상대를 인정한다는 것은 상대의 실체와 실력을 인정해 준다는 의미이지, 상대의 허세와 위선에 제풀에 속아 넘어간다는 뜻은 아닐 것이다.

한 번 진지하게 물어보자. 전시작전권 환수 무기한 연기와 사드(고고도 미사일 방어 체계) 배치 결정에서 목격했듯이 국가 주권의 핵심적 구성 요소인 군사 주권을 포기한 새누리당이 진짜 보수 정당인가? 집권 여당이었을 당시에 강남을 필두로 전국의 땅값을 천정부지로 폭등시켜 수많은 부동산 졸부들을 양산시킨 더불어민주당이 과연 진정한 진보 정당인가? 무엇보다도 중도 개혁을 표방하는 순간 안철수가 친노 세력과 과감하게 결별하고 국민의당을 창당한 근거와 당위성이 그 즉시 허공으로 허무하게 증발하고 만다. 중도 개혁은 대한민국에 급진 개혁 세력이 존재함을 전제하기 마련이고, 안철수와 손학규가 제3지대에서 만나 중도 개혁 신당의 깃발을 들 경우 더불어민주당은 너무나 자연스럽게 급진 개혁 정당으로 자리매김할 수가 있는 까닭에서다. 개혁을 게을리 해서 욕먹어야 마땅할 집단을 선명하고 전투적인 급진 개혁 세력으로 포장해 주다니, 더불어민주당의 홍보 담당자들로서는 속으로 쾌재를 부를 노릇이리라.

대다수 국민들은 이제 새누리당을 보수 정당이라고 생각하지 않는다.

부패한 수구 정당이라고 여긴다. 연일 최저치를 경신하고 있는 박근혜 대통령의 지지율과 20대 총선에서 새누리당이 참패한 것이 그 명백한 증거다. 문제는 상당수 국민들이 여전히 더불어민주당을 좌파 정당이나 진보 정당으로 착각하고 있다는 점이다. 다만 정치 스타일이 조금 거칠고 과격한 것이 약간 흠이라고 믿는 분위기이다.

독자들 가운데 더불어민주당 지지자들이 있다면 미안한 말씀이지만 더불어민주당은 진보 정당이 아니다. 좌파 정당은 더더욱 아니다. 참여성부가 민심을 잃고 한나라당에 정권을 내준 근본적 원인은 국민들 눈에 종북 좌파로 보인 탓이 아니었다. 구악 뺨치는 신악으로, 즉 전통적 기득권 세력인 한나라당에 버금가게 자기들의 편협하고 이기적인 이해관계에만 악착같이 집착하는 신흥 기득권 세력의 소굴로 유권자들의 시선에 비쳐졌기 때문이다.

국민의당과 손학규 진영은 새누리당과 더불어민주당 모두를 평범한 서민 대중의 이해와 요구를 진정성 있게 대변하지 않는 낡고 무능한 수구 기득권 정당으로 규정하는 데서 자신의 장기적 역할과 생존 공간을 모색해야 옳다. 그런데 뜬금없이 중도 개혁 정당이라니? 이건 더불어민주당의 가슴에 급진 개혁 정당이라는 영광스러운 훈장을 공짜로 달아 주는 전대미문의 이적행위와 다름이 없다. 중도 개혁 신당론이 더불어민주당에게 항복문서 쓰자는 소리와 마찬가지인 이유다.

안철수와 개포동 사람들

북극점에서는 어디로 움직이든 남쪽으로 가는 셈이 된다고 한다. 왜냐? 북으로는 더는 갈 곳이 없기 때문이다. 이와 비슷한 이치로 남극점에서는 어느 쪽으로 몸을 옮기건 북쪽을 향하게 된다.

나는 지금의 대한민국 기성 정치권 전체를 개포동이라고 부르고 싶다. 여기에서의 개포동은 재건축 때문에 가뜩이나 높은 땅값이 또다시 들썩거리는 강남구 개포동을 지칭하지 않는다. '개혁을 포기한 동네'라는 뜻이다. 이제는 어느 국민도 박근혜 대통령이 나라를 개혁하리라고 기대하지 않는다. 청와대가 사슴을 가리키며 말이라고 우기면, 역시나 말이라고 비굴하게 맞장구칠 새누리당이 개혁에 나서리라고 믿는 국민들도 전무할 듯싶다. 그렇다면 이회창 총재 시절의 한나라당에 비견될 거대 '집권 야당'으로 행세하고 있는 더불어민주당은 진정한 개혁 세력일까?

나는 청와대와 새누리당과 매한가지로 더불어민주당 또한 반개혁 세력이라고 생각한다. 당장 2016년 8월 27일에 치러진 더불어민주당 전당대회의 성적표만 살펴보자. 청년위원장으로는 사행성 시비로 시끄러운 온

라인 게임을 운영하는 업체에까지 관여하면서 천문학적 액수의 돈을 벌어들인 신흥 재벌 김병관 의원이 선출되었다. 그는 만 44세의 무늬만 청년이기도 하다. 여성위원장에는 양향자 전 삼성전자 상무가 뽑혔다. 양 전 상무는 '삼성은 무노조가 아니라 비노조'라는 황당무계한 궤변을 늘어놓으며 삼성그룹의 악명 높은 무노조 경영에 교묘하게 면죄부를 부여한 인물이다. 이렇게 개혁과는 거리가 먼 보수적 인사들을 당 지도부에 대거 포진시킨 더불어민주당이 개혁을 추구하는 정당이라면 어쩌면 파리도 비행기일지 모른다.

국민의당은 개포동 사람들이 지배하는 낡고 무능한 정치를 확 뒤엎어 달라는 수많은 유권자들의 열화와 같은 성원과 지지 덕분에 20대 총선의 정당 투표 득표수에서 더불어민주당을 제치는 기염을 토할 수 있었다. 국민의당의 놀라운 대약진은 여당도 반개혁 세력, 야당도 반개혁 세력인 여의도에 개혁 세력을 위한 소중한 교두보를 확보한 역사적 사건이었다.

더 이상 북쪽으로 갈 수 없는 북극점에서는 아무 데로나 발걸음을 내디뎌도 남쪽으로 가는 일이 되는 것처럼 재벌과 자본의 과도한 시장 권력에 재갈을 물리는 좌파적 개혁이든, 비대하고 비효율적인 공무원 사회와 공공 부문에 과감히 메스를 들이대는 우파적 개혁이든 일체의 개혁 시도가 실종되어 버린 대한민국에서는 그 어떤 개혁이건 급진적 개혁이 될 수밖에 없다.

그럼에도 안철수 의원은 여전히 고집스럽게 합리적 개혁을 주장한다, 설상가상 격으로 국민의당의 박지원 비대위원장이나 손학규 전 새정치민주연합 상임고문 진영은 중도 개혁 세력을 아우르는 제3지대 정당을 만들겠다는 이야기를 공공연히 하고 있다. 안철수, 박지원, 손학규 3인 사이에서는 본인들에게도, 국민들에게도 대단히 치명적일 공통분모가 발견된다. 조만간 문재인 전 대표를 대선 후보로 사실상 추대할 더불어민주당을 세 사람 모두 급진 개혁 세력으로 여기고 있다는 점이다.

북한의 계순희 선수는 무패가도를 질주해 온 일본의 유도 영웅 다무라 료코를 애틀랜타 올림픽 결승전에서 물리친 다음 "적을 알고 나를 알면 백전백승이야요!"라는 당차면서도 의미심장한 금메달 획득 소감을 남긴 바 있다. 안철수가 안철수에 대해, 박지원이 박지원에 대해, 그리고 손학규가 손학규 본인에 대해 잘 알고 있는지 나는 모른다. 그러나 세 사람 모두 친문 세력과 더불어민주당의 본질에 관해서는 철저히 무지하다고 확신을 갖고 단언할 수가 있다.

한국은 조속하고 총체적인 개혁이 절실하게 요구되는 국가다. 공무원들의 부정부패를 감시할 책무가 있는 청와대 민정수석의 아들이 고급 외제 스포츠카를 몰고 다니고, 재벌 회장들은 요번 광복절 특사에서 적나라하게 재확인됐듯이 어떤 죄를 저질러도 휠체어를 타고 감옥에서 합법적으로 탈옥한다. 집권 여당을 제치고 원내 제1정당으로 도약한 거대 야당은 신흥 재벌과 노조 무용론자가 당의 실세로 군림한다. 이 지경이면 급진적 개혁 정도가 아니라 아예 혁명을 하자는 아우성이 국민들 사이에서 터져 나와도 하등 이상할 구석이 없다. 그럼에도 실제적으로 거의 유일한 개혁 세력이라고 할 안철수와 국민의당은 존재하지도 않는 급진적 개혁 세력과의 차별화를 꾀한다면서 뜨뜻미지근한 합리적 개혁을, 물에 술 탄 것 같고 술에 물 탄 것 같은 하나마나한 중도 개혁을 외치고 있다.

조직으로서의 국민의당은 아니어도 개인으로서의 안철수는 현재보다도 훨씬 과격하고 급진적으로 변해야 한다. 급진은 본질을 건드리는 일이다. 근본을 천착하는 작업이다. 혁명을 한다는 사즉생의 자세와 각오로 목숨 걸고 달려들어야만 하는 과제가 급진적 개혁이다.

안철수 의원은 최근 들어 4차 산업혁명을 부쩍 줄기차게 강조하고 있다. 국민적 반향? 당연히 없다. 과연 우리나라 국민들 중에서 1차 산업혁명이 뭔지를, 2차 산업혁명이 뭔지를, 3찬 산업혁명이 뭔지를 대략적으로나마 아는 사람이 몇 퍼센트나 되겠나? 지식인은 대중을 나에게 맞추는 사람이다. 정치인은 나를 광범위한 일반대중의 눈높이에 맞추는 사람이다.

　대부분의 국민이 4차 산업혁명이 뭔지는 몰라도, 혁명이 무엇인지는 분명히 안다. 부정하고 불의한 세상을 확실하게 바꾸는 것이다. 개포동 사람들이 모든 권세를 전일적으로 틀어쥔 우리나라에서는 어떤 개혁이든 급진적 개혁이, 혁명적 개혁이 되기 마련이다. 그런데도 안철수는 혁명을 뜨겁게 선동해야 할 때 생뚱맞게도 4차 산업혁명을 단조롭게 설명하고 있다. 안철수가 혁명, 곧 정치혁명의 큰길 대신에 산업혁명이라는 샛길로 빠진 원인은 어디에 있을까? 부분적 개선과 기술적 개량만으로도 한국 사회의 변화가 충분히 가능하다고 오판한 탓이다. 한마디로 자신이 정치를 시작한 이유와 목적을 망각한 데 있다.

　근대적 산업혁명은 영국의 제임스 와트가 개발한 증기기관이 그 단초를 마련했다. 안철수는 나폴레옹처럼 국민들을 향해 함께 알프스산맥을 넘자고 힘차게 사자후를 토해야 하건만 엉뚱하게도 증기기관을 발명하겠답시고 혼자 연구실에 틀어박혀 있는 꼴이다. 안철수가 본인의 의도와는 달리 결과적으로 개포동으로의 전입 준비를 착착 진행하는 지금, 개포 1단지 새누리당과 개포 2단지 더불어민주당 사람들의 얼굴에 유난히 화색이 흘러넘치고 있다.

레닌을 생각한다

'물 들어올 때 노 저어라!' 박근혜 대통령이 최순실이라는 정체불명의 특정한 일개인에게 가깝게는 지난 3년 8개월 동안 우리나라의 국가 권력을, 길게는 40년 동안 박 대통령 자신의 삶을 통째로 봉헌해 왔다는 충격적이고 엽기적인 뉴스를 접하자마자 내 머릿속에 단박에 떠오른 속담 아닌 속담이다.

1917년 2월, 러시아 제국의 수도였던 페트로그라드(현재의 상트페테르부르크)에서 혁명이 발발했다는 급보를 전해들은 블라디미르 레닌 역시 필자가 느끼는 감정과 똑같은 생각을 품었으리라. 당시 스위스에서 희망 없는 망명 생활을 오랫동안 이어오던 그는 즉시 하던 일을 모두 중간에 작파하고서 사실상 독일 군부가 제공해 준 밀봉 열차를 타고 2천 킬로미터 가까운 거리를 밤낮 없이 달린 끝에 수도에 도착했다. 레닌은 '핀란드 역'에 도착하기가 무섭게 저 유명한 '모든 권력을 소비에트로!' 라는 테제를 사자후로 토해 냈다.

아버지 최태민의 대를 이어 박근혜 대통령의 몸과 마음을 지배했다는 최순실은 러시아 궁정을 들었다놨다한 요승 라스푸틴에 비유되고는 한다. 라스푸틴에게 홀려 전쟁도, 민생도 모두 말아먹었던 차르 니콜라이 2

세와 그의 부인인 알렉산드라 황후를 반반씩 합쳐 놓은 인물이 박근혜라는 지적이다.

문제는 우리에게는 니콜라이 2세도, 알렉산드라 황후도, 라스푸틴도 두루 갖춰져 있지만 민중의 분노를 정치를 바꾸고, 나라를 바꾸고, 세상을 바꾸는 동력으로 활용할 수 있는 레닌 같은 과감하고 명민한 지도자가 보이지 않는다는 점이다.

박근혜 대통령의 지지율이 한 자릿수로 추락했다는 여론조사 보도가 이어지고 있다. 한 자릿수 지지율이 박근혜 정권만의 전유물은 아니다. 참여정부도 집권 말기 한 자릿수 지지도를 기록한 바가 있다. 그러나 참여정부의 한 자릿수 지지율은 정권에 대한 국민들의 실망감과 배신감의 표현이었을 뿐이지, 정권의 정통성과 정당성 자체를 부정하는 증거로까지 해석되지는 않았다.

레닌처럼 무장봉기를 일으켜 일거에 체제를 전복하자는 주장을 펴려는 것은 물론 아니다. 필자는 대한민국을 전화기와 자동차나 팔아 댈 궁리에만 열중하는 그저 그런 중진국이 아니라, 세계에서 내로라하는 강대국으로 우뚝하게 세우고 싶은 꿈을 지닌 지독한 보수우파적인 세계관의 소유자이기 때문이다.

그렇지만 박근혜 정권은 위정자들이 절대로 잃어서는 안 될 대단히 중요하면서도 필수불가결한 자산을 치명적으로 상실했다. 바로 국민의 신뢰다. 무신불립無信不立이라고 했다. 의역하자면 백성의 믿음이 사라지면 더는 아무 일도 할 수 없다는 뜻이다. 국민의 신뢰를 완전히 잃어버린 박근혜 정권은 경제 살리기와 일자리 만들기도, 4차 산업혁명 준비와 미래 먹거리 창출도, 북핵 문제 해결과 한반도의 평화 실현도 전혀 해낼 수가 없다. 박근혜는 이제 숨 쉬는 일을 빼놓으면 아무것도 할 수 없는 사상 초유의 살아 있는 미라 대통령이 되었다.

이래서는 안 된다. 국민들이 북한 핵도 모자라 미라 대통령까지 머리에 이고서 살아갈 수는 없는 노릇이다. 해법은 명확하다. 대한민국 국가 시스템을 통째로 마비 상태에 빠뜨린 박근혜 대통령은 지체 없이 하야해 평범한 야인으로 돌아가야 한다. 그리고 박근혜 정권을 대신해서 유능하고 성공적으로 국정을 이끌어 나라를 위기에서 구할 새로운 민주적 정부를 하루빨리 출범시켜야만 한다. 하야냐, 탄핵이냐의 형식을 한가하게 따질 계제가 아닌 것이다.

허나 국민들은 시선을 청와대에서 야당들로 돌리면 오히려 화가 더 치밀고 욕부터 나오고 만다. 차기 대선 지지율 1위라는 문재인 전 대표는 기존 정치 구도가 유지되기를 바라면서 복지부동 모드에 들어갔다. 제1야당이자 원내 1당이라는 민주당은 탄핵을 추진했다가 혹여 역풍이라도 맞을까 봐 철저히 몸을 사리는 중이다.

국민의당의 모습을 보면 더욱 한심하고 추레하다. 현직 대통령이 하야하면 60일 이내에 다음 대통령을 선출하는 보궐선거를 치러야 하고, 그러면 문재인에게 어부지리를 안겨 줄 수 있다고 전전긍긍하며 당 전체가 바닥에 납작 엎드려 있다. 이 엄중하고 급박한 시국에 예정대로 영호남 민생탐방에 나선 안철수 의원의 행태는 물이 들어오자 노를 젓기는커녕 엉뚱하게 등산복 챙겨 입고 산으로 올라간 형국이다. 눈치가 없어도 저렇게 없을 수가 없고, 저토록 무딘 감각이면 적장의 목을 베기는 고사하고 도마위에 얌전히 놓인 무도 못 썰 지경이다.

2016년 가을은 단군 이래 처음이자 마지막으로 맞이할 '선거혁명'의 기회다. 이 천재일우의 호기를 문재인은 자칫하다가는 게임 체인지가 이뤄져 1등의 지위를 놓칠 수도 있다는 불안감 탓에, 안철수는 문재인에게 어부지리를 줘서는 안 된다는 소심함 때문에 헛되이 흘려 보낼 분위기이다. 청와대가 무당과 미라의 놀이터가 되고, 국가가 선장도 없이 표류하는 대한민국에서 정치 지도자에게 요구되는 핵심적 자질은 대담한 정치적 상상력이다. 박근혜가 지금 당장 퇴진해 60일 이내에 대선이 치러져야 한다고 가정해 보자. 새누리당은 멘붕에 빠져 후보를 내지 못한다. 따라서 반기문이든 유승민이든 대권 경쟁 대열에서 자동 탈락이다. 이제 무대 위에 남는 선수는 민주당과 국민의당, 문재인과 안철수뿐이다.

그럼 어떤 사태가 벌어질까? 민주당은 대선 후보 경선 실시 여부를 두고 친문 세력과 반문 진영으로 갈라져 심각한 자중지란에 빠질 가능성이 크고, 소위 단일화 프레임을 훌훌 털어 낸 안철수는 집권 가도에 날개를 달게 될 것이 분명하다.

현실은 이렇게 모든 국민들이 박근혜를 버렸음에도 불구하고 오직 민주당과 국민의당만이, 문재인과 안철수만이 박근혜를 버리지 못하고 있는 꼴이다. 그들에게는 새누리당이 없는 대선 정국을 기획하고 만들어 나갈 대담한 정치적 상상력이 결여된 이유에서다. 물은 당신들을 영원히 기다려 주지 않는데….

바보야, 문제는 박근혜야

"분명 박정희와 육영수의 딸 박근혜를 대통령으로 뽑았는데 알고 보니 제정 러시아의 요승妖僧 라스푸틴에 비견되는 최태민의 딸이자 호스트바 마담 출신 남자와 반말하는 강남 여편네가 대통령 머리 꼭대기에 앉아 일일이 가르치며 국정을 주물렀다는 얘기다."

근래에 보기 드문 독설이다. 박근혜 대통령이 청와대 비서실에 지시해 명예훼손으로 고소하면 백 프로 유죄 판결을 받을 가능성이 큰 이 위험하고 걸쭉한 이야기를 거침없이 쏟아 낸 당사자는 누구일까? 믿기 어렵겠으나 이른바 종북 좌빨 인사가 내뱉은 말이 아니다. 동아일보 김순덕 논설위원이 기명 칼럼에 쓴 내용이다.

동아일보가 조선일보와 함께 지난 2012년 대선에서 당시 새누리당 박근혜 후보를 노골적으로 지지하는 논조를 선보인 것은 비밀 아닌 비밀이다. 한마디로 이제 동아일보마저 박근혜를 버린 셈이다. 동아일보는 조중동 빅3 보수지 중에서 반응 속도가 가장 굼뜬 매체다. 이런 신문사조차 확실한 행동 방침을 정했다면 대한민국 보수 진영의 파워 엘리트들은 박근혜 정권 이후를 대비하는 플랜 B를 벌써 가동하기 시작했다고 해석하는 것이 옳을 듯싶다.

그런데 두 야당, 즉 문재인 전 대표의 민주당과 안철수 의원의 국민의당만은 아직도 확실한 결정을 내리지 못한 채 갈팡질팡하는 모양새다. 이들은 새누리당에게 거국중립내각 구성을 요구했다가 청와대와 새누리당이 이를 예상 외로 순순히 받아들일 것 같은 자세를 취하자 이내 입장을 바꿨다. 역시나 보수지인 국민일보의 김진홍 논설위원은 박근혜 대통령은 국민들로부터 이미 정서적으로 탄핵을 당했다고 단호히 규정했다. 국민들로부터 정서적으로 탄핵당한 대통령이 나라를 정상적으로 통치하기를 바라는 것은 나무에서 물고기를 찾는 짓과 매한가지다.

　문제는 두 야당, 정확히는 안철수와 문재인 두 유력 대선 주자의 어정쩡한 태도다. 이들의 현재 모습은 나무 밑에서 감도 아니라 무려 물고기가 저절로 떨어지기만을 하염없이 기다리는 형국이기 때문이다. 민주당과 국민의당 양당이 박근혜 정권의 붕괴와 새누리당의 자멸이라는 현금 두둑한 지갑을 길거리에서 운 좋게 줍고서도 이러지도 저러지도 못하고 엉거주춤하게 서 있는 이유는 크게 두 가지로 분석된다.

　첫 번째는 국정 공백에 대한 자기들 나름의 진정성 있는 우려일 수가 있다. 국정의 최고 컨트롤타워인 청와대의 기능상실 사태가 장기간 지속되면 국가 운영에 치명적 허점이 발생할 수도 있다는 일견 착한 걱정이라고 하겠다.

　하지만 생각해 보자. 당신은 운전기사 없이 주차해 있는 차량과, 무면허 운전자가 똑같이 운전면허 없는 조수석 탑승자가 인간 내비게이션이랍시고 귀띔해 주는 점괘대로 모는 자동차 가운데 굳이 하나를 골라 타야만 한다면 어디에 탑승하겠나? 분명, 합리적 이성을 갖추고 정상적인 사고를 하는 사람이라면 목적지에 조금 늦게 도착하는 한이 있을지언정 주차장에 정차해 있는 자동차 안에서 제대로 된 운전사가 올 때를 차분히 기다리리

라. 작금의 국민 심정이 그렇다. 국민들은 국정 공백보다도 박근혜 대통령이 대한민국호를 어쩌면 일 년도 넘게 더 이끌어 갈지도 모른다는 사실이 더 무섭고 끔찍한 것이다.

두 번째는 소위 중도 보수표에 대한 맹목적 집착과 욕심이다. 문재인도, 안철수도 박근혜 대통령 퇴진 운동을 주도했다가 지역적으로는 영남에, 세대적으로는 노장년층에 많이 분포됐을 보수 중도표 유권자들의 반감을 사게 되는 시나리오를 내심 두려워할 확률이 높다.

그렇지만 지금은 중도 보수표를 두고 정치 공학적 유불리를 따질 계제가 아니다. 과거 80년대에 학생운동을 하면서 혁명적 사상학습을 목적으로 『러시아 혁명사』를 읽었을 극소수 사람들만이 그 이름과 존재를 알아온 요승 라스푸틴을 이제는 웬만한 아이돌 스타 못잖은 유명인으로 만들었을 만큼 박근혜 정권의 신뢰와 권위는 더 이상 추락할 곳이 없는 지경으로 땅바닥까지 떨어졌다. 따라서 안철수와 문재인에게 요구되는 과제는 정치 공학적 셈법 위에서 이해득실을 계산하는 데 있지 않다.

알파고가 충격적으로 예고한 4차 산업혁명의 파고에 전 국민이 밤새워 대비해야 마땅할 21세기의 대한민국을 조선시대도, 고려시대도, 심지어 삼국시대도 모자라 샤먼(무당)이 권력을 농단하고 고인돌 앞에서 나라의 대소사를 논하던 제정일치의 삼한시대로 결과적으로 되돌리고 만 박근혜 정권을 일 분 일 초라도 빨리 종식시켜 국민의 짓밟힌 자존심을 되살리고 실추된 나라의 국격을 회복시키는 것이야말로 두 야당이 당장 신속히 착수해야만 하는 중요한 역사적 과업이다. 야당은 박근혜 정권으로부터 국민의 이름으로 신속히 국가 권력을 회수해 다시금 '조국 근대화'에 매진해야만 한다는 뜻이다. 아울러 거국내각 구성도, 책임총리제 도입도, 최순실 게이트 진상 규명도, 더 나아가 개헌과 제7공화국 개막도 그 다음 순서다. 왜냐? 이 모두가 2층에서 처리할 일들이고, 그러자면 자발적 하야든 강제적 탄핵이든 1층 공사에 해당하는 박근혜 대통령의 퇴진이 전제되어야만 하는 까닭에서다.

정세현 전 통일부 장관은 남북 관계를 최악의 국면으로 몰아간 채 '통일 대박론'을 공허하게 외치는 박근혜 정권의 자가당착적 대북 정책을 1층도 짓지 않고 2층부터 지으려고 한다고 신랄하게 비쏜 바가 있다. 마찬가지다. 박근혜 대통령이 여전히 자유롭게 종전처럼 국정에 깨알같이 관여할 수 있도록 내버려둔 상태에서 진상 규명과 거국내각 구성을 주장하는 두 야당의 현주소 또한 사이비 교주 2세의 근거 없는 예언에 의지해 남북 관계에 임해 온 박근혜 정권의 미개하고 앞뒤 안 맞는 행태와 하등 다름이 없다고 하겠다.

박근혜 정권, 끝날 때까지 끝난 것이 아니다

'끝날 때까지 끝난 것이 아니다.' 미국 프로 야구 메이저리그를 대표하는 전통의 명문 구단인 뉴욕 양키스의 전설적 포수였던 요기 베라(1925~2015)가 현역에서 은퇴한 다음 역시 뉴욕을 연고지로 하는 뉴욕 메츠의 감독으로 활동할 당시에 남긴 명언이다. 그는 리그 중반까지 최하위에 머물던 메츠팀을 마지막 순간 지구 우승으로 이끎으로써 자신의 말이 허언이 아님을 증명했다.

안철수 의원이 박근혜 대통령의 헌법 파괴 사건과 관련하여 그의 페이스북에 올린 글을 전부 읽자마자 내 귓가에는 거의 자동으로 '끝날 때까지 끝난 것이 아니다' 라는 소리가 울려 왔다. 그러면 어떻게 돼야 진짜로 끝난 것이란 말인가? 야구 경기가 9회 말 쓰리 아웃이 다 되어야 끝난 것이듯, 안철수는 박근혜 대통령이 청와대에서 완전히 아웃되어야 끝나는 것이라고 보고 있었다. 그는 최순실 씨의 엽기적인 국가 권력 횡령이 가능했던 원인이 박근혜 대통령이 자행한 헌법 파괴에 있음을 명쾌하게 지적했다. 안철수는 몇 가지 시국 수습책을 제시하면서 박 대통령에게는 청와대 관저에 사실상 유폐된 상태로 임기가 종료될 시점까지 아무 일도 하지 말고 조용히 있으라고 촉구했다.

그게 과연 가능할까? 박근혜 대통령이 1년 4개월 가까운 잔여 임기 동안 청와대에서 그야말로 숨만 쉬고 있을 것이라고 믿을 국민은 단 한 명도 없으리라. 안철수는 청와대가 주도면밀한 기획 대응에 이미 나섰다면서 검찰 수사가 박근혜판 '왕의 귀환'을 위한 면피 수사로 귀결될 것임을 예고했다. 나 또한 안철수의 견해에 전적으로 동의한다. 박근혜는 '5·16 군사 쿠데타' 이후 박정희와 어색하게 동거하던 윤보선이나, 전두환의 시퍼런 서슬에 짓눌려 고무도장의 굴욕을 감수하던 최규하와는 근본적으로 다르다. 비록 최순실이라는 중요한 의지처가 사라졌어도 그녀는 군과 국정원, 검찰과 경찰, 그리고 국세청과 금융감독원 같은 실질적이고 강력한 권력 수단을 여전히 수중에 틀어쥐고 있다. 당장, 우병우와 문고리 3인방을 경질한 자리에 신속하게 후속 인사를 단행한 모습만 보라. 한마디로 "박근혜 아직 살아 있네!"라고 하겠다. 죽은 것으로 보였던 권력이 친위 쿠데타 시도에 성공해 권좌에 복귀한 사례는 차고도 넘칠 만큼 역사책에 널려 있다.

최순실의 국정 농단을 넘어 국정 독점이 여러 언론을 통해 충격적으로 폭로된 지난주에 야당은 과감한 승부수를 띄워야 마땅했다. 안철수는 박근혜 대통령의 지체 없는 하야를 요구하고, 원내 제1당인 민주당의 실질적 오너인 문재인은 대통령 탄핵 절차에 즉각 착수해야만 옳았다. 게임을 끝내 상처 받은 민주주의를 회복시키고, 무너진 국가 기강을 바로세울 절호의 골든타임을 야당은 역풍이 두렵다고, 중도표가 달아날 것이 걱정된다고 제 발로 걷어차 버렸다.

문재인 전 민주당 대표가 어떠한 궁리를 하고 있는지 나는 모른다. 솔직히 관심도 없다. 김종인 전 더불어민주당 비상대책위원장은 문재인도 박근혜와 마찬가지로 외부에서 리모트 컨트롤 당하는 인물 같다고 평가한

적이 있다. 누가 문재인을 외부에서 원격조종하는지 모르는데 문재인의 향후 진로와 행보를 점쟁이가 아닌 바에야 무슨 수로 알아맞히겠나?

반면에 안철수의 생각은 정확히 읽힌다. 그는 박근혜 대통령을 지금처럼 청와대에 계속 놔뒀다가는 대한민국이 헤어나기 불가능한 국가적 파국을 맞이하고 말 것이라고 냉정히 판단한 듯하다. 그의 페이스북 글은 박 대통령이 자진 하야의 모양새이든, 강제적 탄핵의 형식이든 하루빨리 대통령 직에서 물러나야만 나라가 직면한 총체적 난국이 극복될 수 있음을 은연중에 암시하고 있다.

나는 학생운동의 'ㅎ' 자와도 인연이 없는 사람이다. 다만 노태우 정권 초기에 대학을 다닌 까닭에 『러시아 혁명사』를 억지로 잠깐 읽기는 했었다. 기억을 더듬어 보니 레닌의 핵심 전략은 '끝날 때까지 끝난 것이 아니다' 였다. 볼셰비키가 멘셰비키들이 주도하는 내각에 참여하지 않고 10월 혁명을 일으킨 이유다. 그때 볼셰비키들 중에서도 카메네프와 지노비예프 같은 몇몇 소심한 지식분자들은 역풍이 우려된다고, 보수적 농민층의 지지를 잃을 위험성이 있다고 봉기에 반대했었다.

물론 안철수는 레닌이 아니다. 레닌이 되어서도 절대 안 된다. 문제는 박근혜 정권은 케렌스키도, 멘셰비키도 아니라는 점이다. 현재 한국에서 끝난 것은, 엄밀히 말해 끝난 것처럼 보이는 것은 라스푸틴이지 니콜라이 2세 본인이 아니다. 안철수는 거국 내각이든, 중간에 단어 하나 더 보태 거국중립내각이든 그것의 본질은 박근혜 정권의 연장선상에 있는 데 불과하다고 날카롭게 꿰뚫고 있다.

그럼에도 국민의당 일각은 거국중립내각이라는 신기루에 벌써부터 들썩들썩하는 분위기다. 국민의당이 춥고 배고픈 정당임은 나도 알고 국민도 안다. 그러나 아무리 춥고 배고파도 아무거나 덥석 집어먹어서는 안 되는 법이다. 국민의당이 진정으로 조심해야만 할 일은 굶어죽는 아사가 아니다. 독 묻은 사과를 먹고 치명적 식중독에 걸리는 상황이다. 본질은 박근혜 정권이고, 무늬만 거국 중립일 새로운 내각의 총리실과 장관실에 마음이 가 있을지도 모를 야당 사람들에게 경계 겸 결론 삼아 다시금 요기 베라의 얘기를 전해주고 싶다.

"끝날 때까지 끝난 것이 아니다."

추미애는 다시 탄핵녀가 되라

낡았다. 모두 다 낡았다. 문재인과 안철수도, 손학규와 박지원도, 그리고 민주당과 국민의당도 박근혜 대통령에게 전부 깡그리 낡았다.

박근혜 대통령이 참여정부에서 대통령 정책실장을 역임한 김병준 국민대 교수를 친위 쿠데타라 규정해도 과언이 아닐 만큼 기습적으로 차기 국무총리에 지명했다. 김 교수가 책임총리제를 구현할 적임자로 판단돼 발탁했다는 것이 청와대 측의 배경 설명이다. 그 밖에도 경제부총리를 비롯한 몇몇 부처의 개각이 이뤄졌는데 이는 본질적 일이 아니므로 자세히 언급하지 않겠다.

김병준 교수는 참여정부 '최고존엄'이 중용한 인물이다. 이른바 '노의 남자' 다. 참여정부에서 국록을 먹었던 김병준 씨가 무슨 생각으로 박근혜 대통령의 국무총리직 제의를 수락했는지는 나는 모른다. 핵심은 참여정부의 간판급 인사를 총리로 영입해 상대방의 분열을 유도하는 교란작전을 구사할 수 있을 정도로 박근혜 정권이 다소 여유를 되찾았고, 박 대통령이 한숨을 돌리고 반격에 나설 수 있는 시간을 다름 아닌 민주당과 국민의당 두 야당이 시쳇말로 자진 납세했다는 점이다. 교회에서는 이러한 행위를 흔히 '봉헌'이라고 표현한다.

나는 '최순실의 국정 농단'이라고 쓰고 '박근혜의 헌법 파괴'라고 불러야 마땅한 일들이 언론에서 폭로되었을 때 당장 야당 당사로 달려가고 싶었다. 그리고 당사 정문에 '물 들어올 때 노 저어라!'라고 크게 써 붙이고 싶었다. 멘붕에 빠진 기득권 세력이 다시금 전열을 정비하기 전에 박근혜 대통령 퇴진 촉구든, 탄핵 추진이든 정부여당을 강하게 밀어붙여야 현 정권이 불러들인 국가적인 심각한 난국을 타개할 단초를 마련할 수 있다고 믿은 까닭에서이다.

박근혜 대통령과 새누리당은 대한민국이 당면한 헌정 위기, 경제 위기, 안보 위기라는 3대 위기의 원인 그 자체다. 그런데 야당들은 거국내각이라는 떡고물과 책임총리라는 낚싯밥에 걸려들어 위기의 원인 제공자들과 위기의 극복 방안을 논의하려 드는 희대의 코미디를 연출하고 말았다. 마치 생선가게 주인이 왜 자꾸만 생선이 없어지는지에 대한 원인 규명과 대책 수립을 도둑고양이와 머리를 맞대고서 의논하는 꼴이었다. 야당은 박근혜가 주는 다이아몬드 반지에 눈멀어 물이 들어왔음에도 손가락에 반지를 끼느라 귀중한 노를 잃어버린 셈이라고 하겠다.

그렇지만 아직까지 물은 들어오고 있다. 촛불시위에 운집한 인파와 도처에서 이어지는 시국선언이 그 증거다. 물은 들어오는데 노가 없는 상황과, 노는 있지만 물이 마른 상황 중에서 하나를 고르라면 나는 주저 없이 전자를 고를 것이다. 왜냐? 중요한 건 물, 즉 민심이기 때문이다. 민심의 뒷받침만 있으면 일엽편주를 타고서 손으로 바닷물을 저어 가며 태평양도 무사히 건널 수 있는 것이 오묘한 정치의 세계다.

전격적인 총리 지명 강행과 박근혜 대통령의 충복인 이정현 새누리당

대표의 당대표직 사퇴 거부가 생생이 웅변해 주듯이 박근혜 정권은 국민들에게 무릎을 꿇을 의사가 전연 없다. 박근혜 대통령의 자진 하야 형식으로 사태를 조용하고 원만하게 마무리하는 것이 불가능해진 현재, 이제 유일하게 남은 방법은 국회가 적법한 절차를 밟아 대통령 탄핵을 추진하는 것이고, 그러한 탄핵의 열쇠는 추미애 민주당 대표가 쥐고 있다.

민주당은 지난 20대 총선에서 원내 제1당 자리를 차지했고, 그 덕분에 정세균 의원을 국회의장 자리에 앉힐 수 있었다. 더욱이 민주당이 대통령 탄핵을 발의하면 국민의당과 정의당 또한 적극 협조할 것으로 전망된다. 물론 추미애 대표는 세 가지 이유에서 대통령 탄핵에 많은 심적 부담을 느끼고 있으리라.

첫 번째 이유는 참여정부 당시에 이뤄진 초유의 대통령 탄핵에 관여했으면서 또 대통령 탄핵을 시도하느냐는 비판이다. 더군다나 실제로 박근혜 대통령 탄핵이 실현되면 두 차례의 현직 대통령 탄핵 과정 모두에 '민주당'이라는 당명을 지닌 정당이 주도적으로 개입하게 된다.

두 번째는 같은 여성 정치인으로서 어떻게 최초의 여성 대통령을 탄핵할 수 있느냐는 일각의 따가운 시선이다. 박근혜 정권의 실패는 한국 여성 정치의 실패로 등치될 위험이 크다.

세 번째는 민주당 경선에서 추미애를 밀어준 문재인 전 대표가 내심 박근혜 대통령 탄핵을 꺼려할 수도 있다는 점이다. 지지율 1위를 달리고 있는 문재인으로서는 '지금 이대로'가 바람직하지, 대선판 자체를 근본적으로 뒤흔들 수 있는 게임 체인저 역할을 할 것이 명백한 박근혜 대통령 탄핵이 결코 달갑지 않은 것이다.

그러나 지금은 나라가 존망의 기로에 선 상황이다. 박근혜 대통령이 1년 4개월이나 더 청와대에 있으면서 국정을 좌지우지한다면 어떠한 놀랍고 불행한 일들이 연달아 터질지 전혀 짐작조차 할 수 없는 노릇이다. 우리 국민들은 사이비 무속인에게 국정을 통째로 내맡기는 전대미문의 엽기적 행각을 벌여 온 대통령이 또 언제 어디서 무슨 사고를 칠지 전전긍긍하며 살아야 하기 때문이다. 당장 주식시장부터 요동치는 모습을 보시라. 어디 그뿐인가? 박근혜 정권이 정권 안보를 위해 북한을 선제 공격할지도 모른다는 우려마저 시중에 팽배해 있다.

좋은 탄핵도 없고, 나쁜 탄핵도 없다. 단지 필요한 탄핵과 불필요한 탄핵만이, 국민이 원하는 탄핵과 원하지 않는 탄핵만이 존재할 따름이다. 2004년 봄의 탄핵은 국민들이 원하지 않는 불필요한 탄핵이었다. 그로부터 12년 반이 경과한 2016년 가을의 탄핵은 국민이 원하는 필요한 탄핵이다. 추미애 대표의 살신성인하는 역사적 결단을 기대하는 바이다.

박근혜 정권에 마침표를 찍어라

"저는 국민들을 속였습니다. 헌법을 심각하게 위반해 나라를 헤어나기 어려운 깊은 위기에 빠뜨렸습니다. 여기에 대한 모든 책임을 지고서 이제 대통령직에서 물러나 평범한 국민으로 돌아갑니다."

상상했다. 사실은 솔직히 걱정했다. 박근혜 대통령이 위와 같은 짤막한 퇴진 성명을 발표하고 대통령직을 자진 하야한 다음 청와대에서 검찰청으로 자발적으로 향하는 꿈같은 사태가 만에 하나 현실에서 벌어질까 봐 말이다.

하지만 역시나 박근혜는 박근혜였다. 그의 대국민 담화는 한마디로 최순실을 겨냥해 "네 죄를 내가 알렸다!"라고 대갈하는 투였다. 어쩌면 박대통령은 대국민담화를 구실로 '최순실에게 국민도 속았고, 저도 속았습니다'라면서 천연덕스럽게 피해자 코스프레를 하고 싶었을지도 모른다.

혹시나 했던 국민들이 역시나 하게 된 순간은 박근혜 대통령이 이름도 거창한 대국민 담화를 발표하기 아마도 전이었을 듯하다. 왜냐? 김병준 차기 국무총리 내정자마저 박근혜 대통령의 대국민 담화에 관해서 자기도 뉴스 보고 알았다고 기자들에게 실토했을 때 벌써 상황 종료와 마찬가지였기 때문이다. 박 대통령이 지금껏 늘 해온 대로 '마이 웨이'를 고집할 건 이미 예고된 것과 진배없었다.

박근혜 대통령의 담화문은 후반으로 갈수록 어조가 강해지는 식으로 메시지가 구성되었고, 핵심적 결론은 이야기 말미에 담겨 있었다. 자신이 흔들림 없이 국정을 주도하겠다는 뜻이었다. 야당 일각에서 기대했던 '이선 후퇴' 등의 내용은 전혀 들어 있지 않았다. 그러므로 새누리당은 이정현이나 서청원 부류의 친박 가병들이 당권을 계속 확고히 틀어쥘 테고, 개성공단은 여전히 핏기 없이 멈춰 있을 터이며, 빛의 속도로 우리에게 달려오는 4차 산업혁명의 시대에도 시대착오적 부동산 투기 조장 외에는 아무런 미래지향적 정책을 내놓지 못하고 있는 정부의 무능하고 무책임한 경제 운영 방식 또한 변함없이 이어지리라.

국민들은 박근혜 대통령 스스로가 초래한 전대미문의 헌법 파괴 사건에, 사상 초유의 엽기적인 국정 농단 스캔들에 박 대통령 본인이 결자해지의 심정으로 과감히 마침표를 찍어 주기를 바랐다. 그러나 그는 마침표 대신에 또다시 비겁하고 교묘하게 쉼표만을 찍어 가면서 그 어떠한 권력과 권한도 수중에서 내려놓기를 명백히 거부했다. 국정에서 손을 떼라는 야당과 국민들의 일치된 목소리에 드러내놓고 콧방귀를 뀐 셈이다. 박근혜 정권은 현재의 국가적 위기와 국정 혼란을 효과적으로 수습해 국민들의 분노를 달래고 불안감을 가라앉힐 의지도, 능력도, 자격도 없다. 다름 아닌 박근혜 대통령이 바로 위기의 주범이자 혼란의 진원지인 탓이다.

박 대통령이 마침표 찍기를 거부했으니 이제는 국민과 야당이 힘을 합쳐 박근혜 정권에 마침표를 찍을 차례다. 이 일에서는 야당들의, 특히 안철수 의원과 박원순 서울시장 같은 유력한 차기 대권 주자들의 역할이 매우 중요하다. 남들이 차려 놓은 밥상에 얌체처럼 얄밉게 숟가락만 꽂을 심산으로 서울을 벗어나 지방을 전전하며 열심히 눈치 보기에만 급급한 문재인은 아예 언급할 가치조차 없다고 하겠다.

관리자는 쉼표를 찍는 사람이고, 지도자는 마침표를 찍는 사람이다. 세종대왕은 글자 없는 백성들의 고통에 마침표를 찍었고, 충무공 이순신 장군은 조선을 침략한 왜군의 연전연승에 마침표를 찍었으며, 김대중과 김영삼은 30년 넘게 대한민국을 불의와 암흑의 구렁텅이에 몰아넣은 군부 독재 정권에 마침표를 찍었다. 박근혜 대통령의 아버지인 박정희는 보릿고개에 마침표를 찍었다고 해서 보수 세력의 자랑거리가 되었다.

안철수와 박원순을 비롯한 야당 정치인들은 박근혜 정권에 마침표를 찍는 데 당장 너나없이 나서야 한다. 박근혜 정권을 하루빨리 끝장내 민주주의를 회복시키고, 무너진 나라의 기강을 바로세우고, 나날이 죽어 가는 민생 경제를 튼튼하게 되살리고, 경색된 남북 관계를 정상화시켜 달라는 것이 국민들의 한결같은 염원인 이유에서다.

마침표가 있어야 새로운 출발도 가능하다. 파렴치하고 정당성 없는 박근혜 정권에 깔끔하게 마침표를 찍고, 국민과 함께하는 위대한 도전과 모험을 시작할 인물은 과연 누구일까?

제2의 박근혜를 막으려면?

『아크 엔젤』은 『당신들의 조국』으로 우리나라 독자들에게도 잘 알려진 기자 출신의 영국 작가 로버트 해리스가 사회주의 체제 몰락 직후의 혼란스러운 러시아를 배경으로 삼아 쓴 소설이다. 참고로 『당신들의 조국』은 히틀러의 나치 독일이 제2차 세계대전에서 승리했다고 가정하고서 그 이후에 벌어졌을 법한 사건들을 묘사한 대체 역사(*Alternative History*) 소설의 걸작이다.

『아크 엔젤』의 기본 줄거리는 스탈린이 인생 말미에 몰래 낳은 아들을 수십 년 동안 은밀히 양육 관리해 온 강경 공산주의자들이, 옐친 정권에 대한 민중의 반감이 극심해진 정세를 틈타 독재자의 2세를 간판으로 앞세운 러시아판 '로마 진군'을 꾀한다는 이야기이다. 국내에 번역되어 나온 지가 거의 십 년 가까이 지난 책이라 개략적 줄거리 정도는 소개해야 독자에 대한 예의라 생각해서 소개해 봤다.

내가 『아크 엔젤』을 읽었을 시점은 2010년 가을 경으로 기억된다. 이때는 이명박과의 세종시 싸움에서 이긴 박근혜가 대권 고지의 9부 능선에 도달한 무렵이었다. 옐친의 무능함과 성급한 시장주의 개혁의 부작용이 스탈린의 공산독재를 그리워하는 그릇된 향수를 대중들 사이에 확산시킨 것처럼, 국가를 사유물로 여기는 이명박 정권의 잘못된 통치의 반사이익을 박근혜가 싹쓸이해 챙겨 가는 기막히고 어이없는 광경이 당시 빚어지고 있었다.

해리스의 소설에 나타나는 강경 공산주의자들은 무늬만 공산주의자들일 뿐, 그 본질은 스탈린 시대에 누렸던 특권과 부귀영화에 목마른 무리에 지나지 않는다. 그들은 이미 역사적으로 단죄된 스탈린주의가 다시금 화려하게 부활할 것이라고 믿으며, 스탈린의 아들을 추운 러시아 땅에서도 최북단이라고 할 수 있는 아르한겔스크(우리말로 '대천사'라는 뜻으로 영어로 풀이하면 Arch Angel)의 한적한 숲 속에 은신시킨 채 외모도, 말투도, 생각도 스탈린과 판박이처럼 보이게끔 교육, 정확히는 사육한다.

최순실 패거리의 엽기적인, 동시에 망국적인 국정 농단 사태를 접하면서 나는 박근혜 대통령이 『아크 엔젤』에 나오는 스탈린의 아들과 비슷하다는 느낌이 자연스럽게 솟아났다. 문제는 스탈린의 아들은 소설 속의 허구적 인간일 뿐더러 종국에는 집권의 야욕을 이루지 못하지만, 박근혜는 현실에서 생생하게 살아 움직이는 실제 인물로서 일국의 정권까지 잡았다는 점이다.

소설 속의 스탈린 2세를 정신과 육체 양면에 걸쳐 전일적으로 지배한 자들은 소련을 비밀경찰에게는 천국이고, 인민에게는 지옥인 수용소 군도로 되돌리려는 극단적 보수주의자들이다. 그들은 스탈린의 피붙이를 꼭두각시로 내세워 국가 운영을 좌지우지할 것을 꿈꾼다. 현실 속의 박근혜를 키우고 움직이는 자들은 재벌과 공무원과 정규직 노동자에게는 천국이고, 중소기업과 영세 자영업자와 비정규직 노동자들에게는 지옥인 나라로 대한민국을 완벽히 개조해 놓았다.

박근혜는 부하가 쏜 총탄에 맞아 비명에 간 전직 대통령의 딸로서 망각의 심연 속으로 조용히 사라지는 것이 본인에게도, 국민들에게도 행복했을 사람이다. 박근혜 정권이 초래한 총체적인 국가적 위기의 책임이 박 대통령 본인은 물론, 아버지 사후 오랫동안 은둔 생활을 해 오던 그녀를 정치권으로 불러내 원칙과 상식의 수호자처럼 행세하게끔 가꾸고 조련한 자들에게도 돌아가야만 하는 이유다.

지금 국민들은 박근혜 대통령을 '꼭두박씨' 라고 부르며 조롱하고 있다고 한다. 꼭두박씨는 아마도 꼭두각시와, 대통령의 성씨인 박씨의 합성어인 모양이다. 그런데 박근혜가 과연 최태민·최순실 부녀만의 대를 이은 꼭두각시였을까? 그녀를 제도 정치권으로 데려온 일차적 책임자는 이회창 전 한나라당 총재다. 그는 나라 경제를 부도내 정권을 잃은 새누리당의 전신인 한나라당의 선거 승리를 위한 얄팍한 정치공학적 계산에만 눈먼 나머지 잠금 해제해서는 안 될 지옥의 문을, 곧 헬 게이트를 활짝 열어젖혔다. 박근혜를 한나라당의 수장으로, 새누리당의 당대표로 연달아 등극시킨 친박 세력 역시 현재의 극성스러운 친박인 이정현과 윤상현과 서청원이든, 과거의 원조 친박인 김무성과 유승민과 전여옥이든 책임 추궁에서 자유롭지 못하다. 그들은 박근혜가 나빠서 친박 세력에서 이탈한 의인들이 아니다. 단지 박근혜가 자기들만의 전용 꼭두각시가 아님이 밝혀지자 박 대통령과 결별한 냉혹하고 교활한 기회주의자들에 불과하다.

미안한 얘기겠으나 국민의정부와 참여정부 또한 박근혜를 한국의 아크엔젤로 탄생시키는 일에 크게 일조했음을 부인하기 어렵다. 김대중 대통령은 동진 정책에 지나치게 몰두한 탓에 박정희에게 면죄부와 정당성을 부여해 줌으로써 지하세계에 영원히 유폐되어 있어야 마땅할 유신독재의 후예들이 지상세계에서 마음 놓고 활개 칠 수 있는 숨통을 터주었다. 참여정부 최고존엄은 박근혜에게 대연정을 비굴하게 구걸함으로써 박정희 정권의 불의와 분연히 맞서 싸웠던 수많은 사람들을 결과적으로 욕보이고 말았다.

참, 결코 빼놓아서는 안 될 사람이 또 있다. 조갑제 씨다. 그가 박정희의 명예회복을 목적으로 펴낸 책들은 박근혜의 정계 진출과 정권 창출에 결정적 공헌을 했다. 역설적 사실은 박근혜의 집권이 조갑제가 힘들게 일궈 놓은 박정희 신화를 회복 불능으로 완전히 허물어뜨렸다는 데 있다. 허위와 과장, 궤변과 억지로 올린 탑은 거센 태풍이 몰아치는 바닷가에 지어 놓은 위태위태한 모래성과 다름없음을 알려주는 냉엄한 진실의 경고다.

한국 정치의 해묵은 비극이자 고질적 한계는 국민들과 함께하는 위대한 도전과 모험을 주도적으로 자청하며 오롯이 자기 스스로의 힘으로 성장해 온 정치 지도자를 찾기가 매우 어렵다는 것이다. 이를테면 문재인 전 민주당 대표는 한겨레신문과 오마이뉴스 등의 유력 진보 매체들과 진보 진영의 내로라하는 실력자들이 소위 케어하고 이른바 매니지먼트해 주는 선거용 기획 상품 성격이 대단히 강하다. 안철수 의원은 타의에 의해 불려 나온 수동적 정치인의 이미지로부터 여전히 벗어나지 못하고 있다.

이제는 우리도 국민 속에서 나고 자란, 국민과 함께하는 진짜 자연산의 믿음직한 정치 지도자를 가질 때가 되었다. 그것만이 제2, 제3의 박근혜를 장막 뒤에서 음험하게 만들고 조종해 자신들의 권력을 유지하고 배를 불리려는 어둠의 세력을 발본색원할 수 있는 유일한 길이라 믿는다. 이를 위해서도 박근혜를 만들고 띄워 온 자들에 대한 확실한 심판과 청산이 절대적으로 필요하다.

여야 합의는 개에게나 던져 줘라

'총리 빤쓰 줄여 놨다!' 박근혜 대통령이 정세균 국회의장과 장장 13분 동안이나 무려 대면 면담씩을 불사하면서 한 언급들은 이렇게 간단히 요약될 수가 있다. 아니, '책임총리'라는 헌법에도 존재하지 않는, 우주의 기운 가득할 직책을 신설해 내각을 통할할 수 있도록 하겠다고 박 대통령 나름으로서는 통 크게 약속했으니 속옷의 치수를 늘려 놨다고 이야기해야 더욱더 정확한 표현이 될 듯싶다.

그런데, 정말 그런데, 김병준 교수 대신에 손학규 전 민주당 대표를 총리에 앉히기 위해 수십만 명의 국민들이 쌀쌀한 가을 날씨를 무릅쓴 채 촛불을 들고서 거리로 쏟아져 나왔다는 말인가?

작금의 상황은 손학규 같은 거물급 인사가 재상이 될 수 있게끔 총리 빤쓰의 치수를 크게 늘리는 것이 관건이 아니다. 청와대에서 책임총리를 고려할 용의가 있음을 넌지시 비추자마자 올림픽 백 미터 달리기 경기 결승전의 출발선에 선 세계적인 단거리 육상 선수 우사인 볼트를 능가하는 놀라운 반응속도를 과시한 유시민 전 보건복지부 장관의 깜냥과 이미지에 어울리도록 국무총리 빤쓰를 알록달록하게 총천연색으로 화려하게 물들이는 일 또한 최순실 패거리의 전방위적 국정 농단으로 빚어진 총체적인 국가적 위기의 근본적 해법과는 거리가 멀다.

문제의 본질은 박근혜 대통령의 거취다. 박근혜 대통령이 대통령직에서 지체 없이 물러나야 난마처럼 꼬인 시국이 수습될 수 있는 실마리가, 처참하게 무너진 나라의 근간을 다시 세울 수 있는 토대가 마련될 수 있기 때문이다.

허나 사태가 이상한 방향으로 그릇되게 흘러가고 있다. 진보 언론 뺨치게 박근혜 대통령을 강도 높게 비판하고 성토해 온 조선일보, 중앙일보, 동아일보부터가 여야 합의를 요란하게 강조하고 나섰다. 마치 박근혜와 문재인과 안철수 세 사람 만 통 크게 의기투합하면 모든 국가적 난제들이 술술 풀리리라는 투다.

과연 그럴까? 조중동이 요구하는 '여야 합의'는 핵심을 헛짚어도 너무나 크게 헛짚은 소리다. 사실 야당은 박근혜 게이트 정국에서 한 일이 전혀 없다고 해도 과언이 아니다. 제1야당 더불어민주당의 실질적 오너인 문재인 전 대표는 벌써 며칠 째 '중대 결심중'이다. 지도자는 결심하는 사람이지, 결심하는 중인 사람이 아님을 그는 모르는 듯하다. 알고서도 일부러 모르쇠하거나. 안철수 의원은 박근혜 정권을 향해 호기롭게 전면전을 선포하고서는 정작 촛불시위는 불참하는 앞뒤 안 맞는 행동을 연출했다. 박원순 서울시장이나 이재명 성남시장 같은 인사들이 싸움의 전면에 선봉장 격으로 포진해 있기는 하지만 현직 지방자치단체장인 까닭에 운신에 제약이 따를 수밖에 없다.

눈길을 차기 대권 주자들로부터 현역 의원이 주축이 된 야당의 지도부로 돌리면 그야말로 가관이자 추태의 극치다. 야당 국회의원들의 관심은 거국중립내각이 구성된 후에 자신에게 돌아올 각료직에 진즉에 가 있은

지 오래다. 설령 몸은 광장과 거리의 국민들 곁에 있을지언정, 실제 마음은 총리실과 장관실의 커다랗고 푹신한 고급 의자 위에 팔자 좋게 널브러져 있는 형국이라고 하겠다.

지지율 상위권에 자리한 야권 대선 주자들의 기회주의적 처신과, 국민들이 혹여 대통령은 물론 국회의원까지도 다시 뽑자고 주장할까 봐 전전긍긍하고 있을 야당 현역 금배지들의 복지안동하는 행태를 감안하건대 여야 합의는 일찌감치 두출돼 있는 것과 매한가지다. 국민들은 아마 수일 내에 새누리당, 민주당, 국민의당의 주요 3당 지도부가 환한 얼굴로 모여 거국중립내각 출범을 합의하는 장면을 보게 될 가능성이 크다.

이후의 상황 전개는 안 봐도 비디오다. 조중동 보수 언론은 이제 정치는 정치권에 맡기고 차분히 생업에 종사하라며 국민들을 겁박할 테고, 한겨레신문과 오마이뉴스 등의 주류 진보 매체들 역시 내년 12월 대선에서 정권 교체를 이뤄도 충분하다면서 보수 진영과의 적당한 타협을 모색하리라. 정치권이 선도하고 언론이 뒤를 받치는 그들만의 출구 전략 앞에서 결국 머쓱해지는 것은 박근혜 퇴진을 힘차게 외쳤던 국민들뿐이다.

하지만 명심하자. 이른바 여야 합의는 권력과 자리 나눠먹기를 위한 기득권 정치 세력들끼리의 더러운 야합에 불과함을. 새누리당과의 합의서란 내용적으로는 박근혜 정권에게 바치는 항복 문서에 지나지 않음을. 박근혜 대통령을 당장 끌어내리지 못하면 부패한 수구 기득권 세력의 전면적 반격과 잔인한 보복이 머잖아 시작될 것임을.

이건 현실을 모르는 철부지 서생의 허황된 과대망상이 아니다. 역사상 가장 강력한 총리였던, 책임총리를 넘어 제왕적 총리라고도 부를 수 있었던 오토 폰 비스마르크조차 인사권자인 카이저 빌헬름 2세의 한 마디로 총리 관저에서 순순히 보따리를 싸야만 했다. '보오 전쟁'과 '보불 전쟁'

에서 잇따라 승리하고, 독일 통일의 대업을 이룩했으며, 세계 최초로 의료보험 제도를 실시해 근대적 복지국가의 초석을 놓았던 저 유명한 철혈재상 비스마르크마저도 찍 소리 못 하고 단칼에 날아간 것이다. 그게 만인지상 일인지하라는 총리직의 숙명적 한계다. 세종대왕이나 이순신 장군을 총리에 임명해도 박근혜 대통령의 눈짓 한 번에 경질될 수 있는 것이 조만간 여야 간 합의 아래 등장할 책임총리의 진정한 실체다.

소녀시대 될 뻔한 여자 연예인들이 수천 명은 될 거라는 시중의 우스갯소리가 있다. '소녀시대 될 뻔'은 연예계 활동에서 유리한 경력으로 작용한다. 이와는 대조적으로 박근혜 정부에서 알량한 책임총리 될 뻔은 장담하건대 현재로부터 백 년이 지나도 씻을 수 없는 치욕스러운 주홍글씨로 인구에 회자될 것이 분명하다. 왜냐? 희대의 국정 농락에 분노한 우리 국민들은 박근혜 대통령의 즉각적 하야 외에는 그 어떤 합의도 추인해 줄 뜻이 없는 이유에서다. 합의는 없다. 아니, 박근혜 게이트의 결론에 대한 범국민적 합의는 이미 확고하게 이뤄졌다.

"박근혜 퇴진, 조기 대선!"

트럼프와 한국 정치 1

솔직히 긴가민가했다. 내가 도널드 트럼프의 제45대 미국 대통령 선거 승리를 조심스럽게 예측한 몇 안 되는 인간들 중에 하나이기는 해도 내로라하는 한미 양국의 지식인과 검증(?)된 선거 전문가들이 힐러리 클린턴의 손쉬운 완승을 한결같이 입을 모아 전망한 까닭에, 요즘 강남에서는 개나 소나 다 간다는 미국 유학은 고사하고 그 흔한 여권조차 아직 만들지 않은 진선진미한 우물 안 개구리인 나로서는 괜히 헛다리짚었다가 크게 망신만 당하는 것은 아닌지 몹시 걱정스러울 수밖에 없었다.

힐러리의 당선을 점친 유명 인사들 가운데 대표적 인물 한 명만 들자면 노벨 경제학상 수상자인 폴 크루그먼이 있다. 중앙일보가 번역해 게재한 그의 뉴욕 타임스 칼럼 제목은 '그래도 클린턴이 이긴다'였다. 크루그먼이 내심 쓰고 싶은 제목은 '그래도 트럼프가 진다'였을지 모른다. 투표일 당일 아침까지도 클린턴이 이길 가능성이 무려 91퍼센트로 관측되었던 터라 세계적인 경제학자 크루그먼이 비과학적인 희망적 사고에 굴복해 경망스럽게 설레발을 떨었다고 평가하기만은 어렵다.

허나 모든 선거는 투표함을 개봉해 봐야 그 결과를 알 수 있고, 결론적으로 트럼프가 이겼다. 말의 자식인지, 소의 자식인지, 아니면 사람의 자식인지 그 정체를 도저히 종잡기 힘든 막말의 대가에, 인격 파탄자에, 천하의 지저분한 난봉꾼 호색한으로 뉴욕타임스와 워싱턴포스트를 위시한 미국의 주류 언론이 일치단결해 묘사한 트럼프는 승률 9프로의 절대적으로 불리한 판세를 앞으로 인구에 두고두고 회자될 기념비적인 대역전극으로 어떻게 반전시켰을까? 정답은 CNN 홈페이지에 큼지막하게 뚜렷이 잘 나와 있다. 트럼프 지지자들로부터 'Clinton News Network'라고 비난을 살 정도로 극심한 편파 왜곡 방송을 일삼으며 시쳇말로 빤쓰까지 다 벗고서 클린턴 당선을 위해 뛰었던 그 CNN 말이다.

'Trump's win is a stunning repudiation of political elites.'

조악한 내 영어 실력을 전부 동원해 우리말로 옮겨 보자면 '트럼프의 승리는 정치 엘리트에 대한 전면적 거부' 쯤으로 의역이 될 게다. 힐러리 클린턴으로 상징되는 기성 지배 계급을 향한 미국 유권자들의 깊고 뜨거운 분노가 트럼프를 차기 백악관 주인으로 예약시켰다는 뜻이다.

숨 고르기 차원에서 미국이라는 나라를 생각하는 시간을 잠시 가져 보자. 미국은 세 가지 핵심적 열쇠 말로 규정될 수 있다. 첫 번째는 변화*(Change)*다. 두 번째는 위대함이다*(Greatness)*. 그리고 세 번째는 정의*(Justice)*다. 변화는 역동성*(Energy)*과 이어지고, 위대함은 강력함*(Power)*과 결부되며, 정의는 법과 질서*(Law and Order)*의 다른 표현이다.

사실 미국의 핵심적 키워드는 전성기 로마의 국가적 목표와 거의 흡사하다. 왜냐? 미국의 독립전쟁을 이끌고 국가의 탄생 작업을 주도한 건국의 아버지들*(Founding Fathers)*은 로마를 이상적 모델로 삼아 이 미래의 초강대국의 뼈대를 설계하고 근간을 기획했기 때문이다. 단적인 사례로 미국의 국회의사당을 가리키는 캐피톨*Capitol*은 고대 로마의 카피톨리움 *Capitolium* 언덕에서 따온 명칭이다.

트럼프는 방금 언급한 세 가지 핵심 열쇠 말들 가운데 변화와 위대함 두 개를 자신의 무기로 선점했다. 반면에 힐러리는 아무것도 자기의 자산으로 확보하지 못했다. 나쁜 남자 트럼프는 물론이려니와 악녀 힐러리 또한 정의와는 거리가 한참 멀었던 닷이다. 공화당과 민주당 모두 절두철미 네거티브 전략으로 일관한 요번 미국 대선 캠페인을 보라. 트럼프는 클린턴이 얼마나 자주 법률을 어겼는지를 까발리기에 바빴고, 클린턴은 트럼프가 얼마나 심각하게 사회질서를 문란하게 했는지를 들추어 내는 일에 골몰했다. 그러므로 최종 점수는 2대0, 트럼프의 압승이었다. 3전 2승제의 싸움에서 트럼프는 두 판을 이겼고, 나머지 한 판은 싱거운 무승부였다.

미국 민중의 분노는 미국의 부유하고 힘센 엘리트들이, 그들이 부시 가문 부류처럼 공화당 소속의 보수 엘리트이든, 클린턴 부부같이 민주당에 몸담아 온 진보 엘리트이든 미국을 미국답게 만들어 주는 소중한 3대 가치들 가운데에서 단 하나도 너무나 오랫동안 제대로 구현하지 못하고 있다는 데에서 비롯되었다. 한마디로 트럼프가 좋아서 트럼프를 찍은 것이 아니라, 클린턴이 싫어서 트럼프를 찍었다고 하겠다.

트럼프와 한국 정치 2

최고의 거짓말쟁이가 되려면 제일 먼저 자기 자신부터 속여야 한다. 세상을 떠들썩하게 만든 대부분의 유명하고 악질적인 고등 사기꾼들이 거의 예외 없이 허언증 환자인 이유다.

방향을 돌려서 세상에서 가장 보수적인 사람들은 누구일까? 세상에서 가장 보수적인 사람들은 자기 자신이 진보적이라고 믿고 있는 보수적인 인간들이다. 힐러리 클린턴이 바로 이런 사례에 해당한다. 그는 자기 자신을 진보적이라고 믿고 있는 보수적인 인물이다. 힐러리가 한 벌에 1만 2천 달러나 나가는, 한국 돈으로 환산하면 무려 1,400만 원이 넘는 고가의 아르마니 외투를 입고서 소득 불평등에 관한 연설을 태연히 행할 수 있었던 까닭도 그녀가 스스로를 진보 성향의 정치인이라고 생각 또는 착각한 데 있었다. 내가 진보인데 그까짓 값비싼 의상이 뭐가 문제냐는 독선과 오만이, 한 회에 수십억 원에 달한다는 천문학적 액수의 강연료가 무슨 상관이겠느냐는 무신경과 무감각이 미국 역사에서 최초의 여성 대통령을 노리던 클린턴의 발목을 백악관 문턱에서 붙잡은 것이다.

고대 그리스의 철학자 헤라클레이토스는 '만물은 유전流轉한다' 고 선언했다. 세상 모든 것은 변하기 마련이라는 의미다. 관건은 변화의 방향과 내용이다. 잘된 변화는 발전과 진보를 낳고, 잘못된 변화는 타락과 반동으로 귀결된다.

그런데 잘못된 변화보다도 더 나쁜 경우가 있다. 변화를 인식하지 못하거나 한사코 부인할 때다. 자신을 진보적이라고 믿는 보수적인 사람들의 모순과 자가당착은 여기에서 비롯된다. 자기가 예전의 자기가 더 이상 아님을, 자신이 과거의 자신과 비교해 얼마나 다른 사람이 되었는지를 그들은 모르거나 알려고 들지 않는다.

나는 남편 빌 클린턴과 나란히 백악관에 입성할 당시의 힐러리 클린턴의 모습을 생생히 기억한다. 그녀는 워싱턴의 구태의연한 기성정치에 용감하게 도전장을 던지던 당차고 풋풋한 개혁가의 표상이었다. 그때가 1992년이었다. 우리나라에서 '서태지와 아이들'이 가요계에 돌풍을 일으켰을 무렵이니 참 많은 세월이 흘렀다.

1992년의 힐러리와 2016년의 힐러리는 똑같은 사람이 단지 나이만 먹었다고, 얼굴에 주름살만 늘었다고 평가하기에는 달라져도 너무나 달라졌다. 1992년의 힐러리 주위에는 햄버거로 식사를 해결하던 젊은 참모들이 있었다. 2016년의 힐러리 곁에는 고급 정장을 차려 입고 미국의 평범한 노동자들의 한 달 치 월급을 한 끼 먹는 데 가볍게 써 버리는 노회한 펀드 매니저들이 득시글하다.

그뿐만이 아니다. 1992년의 힐러리에게는 베트남 전쟁을 반대하고 평화를 부르짖던 청년 시절의 저항 정신이 아직 살아 있었다. 2016년의 힐러리로부터는 미국 군산복합체의 이윤 증대를 위해서라면 세계 어느 곳에서라도 당장 기꺼이 전쟁을 일으키려는 호전적 제국주의자의 체취가 물씬 풍긴다. 평화 운동가에서 무기 회사들의 로비스트로 변해 버린 전직 국무장관 힐러리가 매의 눈으로 주시하는 곳들 가운데에는 우리 팔천만 한민족이 살고 있는 한반도도 유감스럽게 들어 있었다.

그러나 힐러리 클린턴은 스스로가 진보라고 여전히 철석같이 믿고 있다. 아니, 어쩌면 믿고 싶었는지도 모른다. 그녀를 연방 상원의원으로, 유엔 사무총장을 최순실이 박근혜 다루듯 머슴처럼 부릴 수 있다는 미합중국의 국무장관으로, 궁극적으로는 미국 민주당의 대통령 후보로 띄워 준 원동력은 다름 아닌 '진보 정치인' 이라는 한 꺼풀 이미지였기 때문이다.

트럼프는 대선 기간 내내 힐러리를 거짓말쟁이라고 거칠게 비난해 왔다. 클린턴은 트럼프를 막말 대왕이라는 식으로 비판하면서 맞불을 놓았다. 결과적으로 트럼프가 이겼다. 트럼프의 막말은 누가 들어도 저질스러운 막말이었지만, '나는 진보다' 라는 힐러리의 빤한 거짓말에는 힐러리 본인만 속아 넘어간 탓이다. 세상을 모두 속이려면 우선 자기 자신부터 속여야 하지만, 자기 자신부터 속이는 일에 성공했다고 해서 세상을 모두 속일 수 있는 것은 아니다.

과거에는 진보였으되 현재는 진보가 아닌 자칭 진보주의자 클린턴에게는 따라서 한 가지 정체성만이 오롯이 남았을 뿐이었다. 엘리트라는 정체성이 그것이었다. 일각에서는 힐러리가 상대적 약자인 여성인 까닭에 선거에서 패배했다고, 부당한 여성혐오 곧 여혐의 억울한 피해자라고 주장하는 분위기인데 이는 정답을 비껴가도 한참 비껴간 엉뚱한 오답이다.

힐러리는 여성이라서 선거에서 진 것이 아니다. 때 묻고 케케묵은 엘리트라서 미역국을 마시고 만 것이다. 그녀는 남편과 함께 중앙 정계에 진출한 이후 사반 세기 동안을 전형적인 인사이더의 길만을 걸어온 엘리트의 끝판왕이자 인사이더의 최종 보스와 같은 존재였다. 만약 이번 미국 대통령 선거가 공화당의 '힐러리 트럼프' 대 민주당의 '도널드 클린턴' 의 대결로 치러졌어도, 쉽게 말해서 양쪽 후보의 성性이 바뀌었어도 나는 여자인 힐러리 트럼프가 승리했을 것이라고 확신한다. 여성혐오 담론은 워싱턴의 부패한 기득권 세력에 대한 서민 대중의 분노의 초점을 흐리고, 미국의 낡은 기득권 질서를 향한 가난한 노동 계급의 반감을 회석시키려는 위선적인 엘리트 지식인들의 교묘한 말장난 내지는 사악한 프레임 바꿔치기 시도에 불과하다.

하야를 부탁해

한마디로 점입가경이다. 대통령처럼 한 나라의 운명을 책임진 국가 원수의 건강은 함부로 공개해서는 절대로 안 되는 일급 국가 기밀이다. 따라서 첩보 기관들은 적국 국가 원수의 건강 상태를 알아내기 위해 정말 별짓을 다한다. 서구 자본주의 제국諸國들과 동구 사회주의 진영 간의 냉전이 한창 격화됐을 즈음, 미국을 방문한 소련 공산당 서기장 흐루시초프의 대변을 미국 중앙정보국(CIA)이 그가 투숙한 호텔방 변기의 배관 구조를 은밀히 바꾸면서까지 기를 쓰고 확보해 간 까닭이다.

우리는 어떤가? 현직 대통령의 배설물도 아닌 그야말로 생피가 일반 병원에서 마구 돌아다니는 참담한 지경에 이르렀다. 나도 가난한 비정규직 무명 작가 주제에 있는 돈, 없는 돈 모조리 탁탁 털어가며 딸아이를 강남 차병원에서 낳게 한 사람이긴 하다. 하지만 솔직히 이번 박근혜-최순실 게이트가 터지기 전까지는 '차움'이라는 의료 시설이 어디에서 뭐 하는 곳인지 전연 몰랐다. 박근혜 정권은 국민들에게 헌법 공부에 이어 의학 공부까지 하도록 부추기는 셈이다. 원조 친박 전여옥 씨는 불쌍한 사람을 대통령으로 뽑으면 국민들도 덩달아 불쌍해진다고 일갈한 모양인데, 대통령이 무식하면 국민들은 되레 유식해지는 역설이 빚어졌다고 하겠다.

최순실 씨의 피라며 드라마 여주인공의 이름을 빌려 차움에 맡겨진 대통령의 혈액이 무슨 용도와 목적으로 쓰였는지는 아직은 미스터리다. 그런데 궁금한 부분은 또 있다. 더불어민주당 추미애 대표의 갑자스러운 청와대 영수 회담 제안이 누구의 뜻으로 이뤄졌는지가 그것이다. 차움에 맡겨진 피가 사실은 길라임의 피도 아니고 최순실의 피도 아니고 박근혜의 피였듯이, 거대 공룡 야당의 당수가 청와대에서 박 대통령을 만나 나누려던 얘기가 추미애 자신의 얘기인지, 아니면 다른 제2, 제3의 인물의 얘기였는지 궁금증이 생겨난다.

일각에서는 박근혜를 공격하는 일에만 집중해야 할 때 왜 뜬금없이 더불어민주당에 칼끝을 돌리느냐고 비난할지도 모르겠다. 하지만 명심하자. 박근혜 정권에 대한 공격은 여의도 안의 제도권 정당들과, 여의도 밖의 국민들이 앞뒤에서 청와대를 포위하는 일사불란하고 효과적인 협공 형태를 띠어야만 한다. 그래야 박근혜 퇴진이라는 국민의 뜨거운 여망을 조기에 성공적으로 실현시킬 수가 있기 때문이다. 여의도만의 단독 작전은 화력과 명분이 약하고, 국민들만의 독자적 공세는 원치 않은 희생과 혼란을 야기할 우려가 있다.

허나 현재의 객관적 상황은 국민과 여의도가 철저히 겉도는 형국이다. 국민들은 박근혜를 더 이상 대통령으로 인정하지 않고 있다. 박근혜 대통령이 청와대에서 대한민국 국가 원수 겸 정부 수반으로 행세하는 꼴을 더는 못 봐 주겠다는 의미다. 반면에 야당, 특히 언필칭 제1야당이라는 더불어민주당의 당권을 꽉 잡고 있는 친문 세력은 뭐가 켕기는 구석이 있는지 국민의 민심을 받드는 일보다는, 박근혜 대통령의 눈치를 살피는 데 더욱 여념이 없는 것처럼 보인다.

문재인 전 더불어민주당 대표는 험준한 히말라야 산맥을 웬만한 이십 대 청년 못잖은 날렵한 몸놀림으로 걷고, 달리고, 오르는 모습을 자신의 사회관계망서비스 계정을 통해 불과 몇 달 전에 요란하게 과시한 바가 있다. 그런 문재인이 박근혜·최순실 게이트 정국이 본격화된 다음에는 거북이나 굼벵이를 연상시킬 만큼 지독히 느린 속도로 더디게 움직이고 있다. 그는 유력 대선 주자들 가운데 박근혜 퇴진 촉구 촛불시위에 가장 늦게 합류했다. 문재인이 뒤늦게 부랴부랴 마련한 기자 회견은 영락없는 뒷북치기의 인상만을 국민들에게 줄 뿐이다. 야권 일부에서는 문 전 대표의 긴급 기자 회견이 박근혜 대통령 압박용이 아니라 당내 반발 진압용이라는 분석마저 내놓고 있다.

　국민들은 물론이고 순둥이라고 손가락질 받아 온 안철수 의원조차 박근혜 대통령이 임기를 채우도록 방관해서는 안 된다며 단호한 결기를 보여 주었다. 박원순 시장의 서울시는 강북 도심을 통과하는 대중교통의 운행 횟수를 증편해 박근혜 퇴진 운동에 간접적으로 힘을 보탰다. 이재명 성남 시장 같은 경우는 박근혜 대통령을 아예 구속시켜야 한다는 초강경 발언을 연일 내놓고 있다.

　대한민국에는 민심과 따로 노는 두 개의 외딴 섬이 있다. 한 섬은 박근혜가 있는 청와대이고, 또 다른 한 섬은 문재인이 실효적으로 그 몸과 마음을 지배하고 있는 더불어민주당이다. 국민들이 박근혜 대통령에게 당장 물러나라고, 즉각 퇴진하라고 도끼눈을 뜨고서 대차게 명령할 때 문재인의 더불어민주당은 청와대를 향해 다소곳한 자세로 조심스럽게 말을 건넨다. 하야를 부탁한다고.

　이 세상에 다소곳한 자세로 비굴하게 하야를 부탁, 아니 구걸하는 소심한 새가슴 야당의 청을 흔쾌히 들어 줄 착한 집권자는 단 한 명도 없다. 정당성과 합법성을 모두 완전히 상실한 불의하고 부패한 정치 권력은 힘으로 권좌에서 끌어 내리는 것이 정답이고 정의다. 그리고 그러한 힘에는 국민들의 민심과 같은 제도권 밖의 힘과 함께 국회의 탄핵 발의처럼 헌법에 명시된 제도권 안의 절차적 힘도 존재한다.

　제도권 밖의 힘은 100퍼센트 발휘되었다. 이제는 제도권 안의 힘이 동원될 차례다. 최광웅 <데이터정치연구소> 소장은 의회의 탄핵 절차가 개시된 이후에야 닉슨이 자진 사임을 마지못해 결심했음을 날카롭게 지적했다. 국회가 탄핵 절차를 밟기 시작하면 박근혜 정권의 수명을 오히려 연장해 줄 뿐이라는 주장이 새빨간 거짓말이자 음흉한 궤변인 이유다.

　박근혜 탄핵의 총대는 정세균 국회의장을 배출한 더불어민주당이 싫든 좋든 당연히 메야 한다. 그게 국민 일반의 공통된 바람이고 보편적 인식이다. 민주당이라는 당명의 정당은 참여정부 최고존엄을 이미 탄핵한 바가 있다. 그럼에도 박근혜 대통령을 탄핵하는 일에는 결정 장애 환자처럼 유달리 한사코 미적거리는 탓에 사꾸라니, 관제 어용 야당이니, 제2의 민한당이니 하는 온갖 오명을 자초하는 것이다. 만약 더불어민주당이 청와대를 향해 마치 노예가 주인에게 간청하듯이 다 기어들어가는 목소리로 '하야를 부탁해' 라고 소심하게 호소하는 짓만을 앞으로도 지금처럼 계속 되풀이한다면 국민들은 대선과 총선 전부 다시 치르자고 거세게 요구할 것이 분명하다. 박근혜의 청와대도, 문재인의 더불어민주당도 끌 수 있는 시간이, 버틸 수 있는 기간이 얼마 남아 있지 않음을 너무 늦기 전에 깨닫기 바란다.

범인은 박근혜다

　　「식스 센스(Sixth Sense)」는 관객들의 허를 찌르는 놀라운 반전으로 유명한 영화다. 이 영화를 보지 않은 사람들도 '범인은 브루스 윌리스다!' 라는 얘기를 한 번쯤은 들어 봤을 것이다.

　　인간과 영혼의 섬뜩한 커뮤니케이션이 이야기의 전개를 구성하는 중요한 장치로 기능한다는 측면에서 박근혜-최순실 콤비의 국정 농단 드라마와 완성도 높은 스릴러 영화인 「식스 센스」는 궤를 같이 한다. 둘 사이의 결정적 차이점은 「식스 센스」와 달리 박근혜와 최순실이 등장하는 막장 드라마에는 누가 봐도 범인이 빤하다는 데 있다.

　　『흥부전』이나 『춘향전』만큼이나 악역이 뚜렷이 정해져 있고, 주연과 조연이 확실하게 구분된 희대의 국정 농단 막장 드라마가 대한민국 검찰의 손을 거치며 「식스 센스」를 능가하는 역대급 반전 드라마로 변모했다. 쉽고 빨리 갈 수 있는 길을, 길고 복잡하게 에둘러 온 검찰에게 노고를 치하하는 박수를 보내야 할지, 말아야 할지 국민들 입장에서는 엄청 헷갈린다.

　　그렇다. 범인은 박근혜다. 검찰이 발표한 공소장에는 박근혜 대통령이 최순실을 비롯한 여러 국정 농단의 주역들과 공모 관계에 있다고 명시되어 있다. 즉 박근혜 대통령이 범죄에 가담하기는 했는데, 주범인지 종범인지 아리송하다는 뜻이다. 검찰은 특검 수사를 얼마 남겨 두지 않은 이 시점에서까지도 또 다른 반전 드라마를 만들어 내고 싶은 것일까?

피의자 박근혜. 전과 14범이라고 욕먹은 이명박 전 대통령을 생각하면 사실 피의자 신분은 별것 아닐 수가 있다. 허나 이명박은 대통령으로 재임 중에 불법 행위를 저지른 것으로 아직까지는 밝혀지지 않았다, 아직까지는. 반면에 박근혜 대통령은 현 정부 출범 이래 청와대의 푸들 역할을 충실하게 맡아 온 검찰마저도 혐의가 있음을 인정했다, 검찰마저도.

나는 여태껏 정치인 박근혜를 단 하루도 지지해 본 적이 없다. 그럼에도 박근혜 대통령이 피의자 신세로 전락한 참담한 상황과 막상 마주하니 나까지 창피하고 부끄러워졌다. 내가 이러려고 우리나라에서 국민 노릇을 하고 있는지 자괴감이 들지 않을 수가 없었다.

지지해 본 적도 없고, 실제로 만나서 대화를 해 본 적도 없는 정치인이기는 하지만 대한민국의 평범한 국민으로서 박근혜 대통령에게 진심으로 간곡히 요청하는 바이다. 대통령 박근혜는 비루하고 구질구질했어도, 인간 박근혜는 최소한의 자존심은 살아 있었다고 역사책에 기록될 수 있도록 지금이라도 "내가 주범이다"라고 당당히 외쳐 달라. 최순실 패거리가 자행한 전대미문의 헌법 유린 사태와 엽기적인 금품갈취 행각의 실질적 주모자가 박근혜 대통령 본인이었다고 국민들에게 솔직하게 이실직고해 주시라.

나의 이러한 소박한 바람이 현실에서 이뤄질 가능성은 물론 거의 없다. 최후의 극적인 반전은 오로지 영화나 소설 속에서만 가능한 일이기 때문이다. 박근혜 대통령은 김진태 씨와 조원진 씨 등의 골수 친박 국회의원들이 대통령 탄핵을 물리력으로 저지하려다가 국회 본회의장 단상에서 경위들에게 강제로 끌려 나오는 그림을 열심히 머릿속에서 그리고 있을지 모른다. 박근혜 대통령은 그와 같은 비장한 스펙터클이 여론과 민심의 급격한 반전을 이끌어 낼 것이라고 꿈꾸고 있을 확률이 크다.

마르크스는 역사는 처음 한 번은 비극으로, 나중 한 번은 희극으로 되풀이된다고 언명한 바가 있다. 참여정부 최고존엄 탄핵에 반대하다가 끌려나가는 모습이 매우 비극적이었다면, 박근혜 대통령 탄핵을 막으려다가 쫓겨나는 광경은 마르크스의 명제를 군이 빌리지 않아도 대단히 희극적 광경으로 국민들 눈에 비칠 것이 분명하다. 박근혜 대통령이 후보 시절에 약속한 '내 꿈이 이뤄지는 나라'는 국민들에 더해서 박근혜 대통령 자신에게도 파렴치한 사기극이 되고 말았다.

늘 그래 왔듯 이번에도 역시나 문제는 야당이다. 역풍도 없고, 반발도 없고, 반전은 더더욱 없을 박근혜 대통령 탄핵에 야당들은 여전히 몸을 사리고 있다. 필자는 박근혜·최순실 게이트가 터지자마자 국회는 곧바로 탄핵 발의 절차에 착수해야만 한다고 역설했다. 그러나 야당들은 박근혜 정권이 던져 준 총리 떡밥을 어리석게 덥석 물었다가 귀중한 한 달의 기간을 헛되이 낭비해 버렸다. 그 황금 같은 한 달 사이에 새누리당은 친박 세력을 외과적으로 절제해 낸 다음 재창당을 준비할 수 있는 시간을 벌었고, 국정 공백 사태는 장기화 조짐을 띠기 시작했다. 국민들이 차가운 밤거리에서 몇 주 동안이나 촛불을 계속 든 이후에야 야당은 비로소 대통령 탄핵 카드를 마지못해 꺼내 들었다.

유감스럽게도 야당들은 총리가 먼저냐 탄핵이 먼저냐는, 합의 총리로 누가 어울리느냐는 따위의 한가한 신선놀음에 또다시 골몰할 기색을 벌써부터 드러내고 있다. 박근혜 대통령에 대한 가장 강력하고 효과적인 퇴진 압박 수단인 탄핵을 야당이 실제로 사용할지 몹시 의문시되는 까닭이다.

20대 국회는 이른바 여소야대 국회다. 그런데 박근혜 대통령이 주도적으로 관여한 국정 문란 사건의 실체와 진상이 알려진 지가 벌써 한 달여가 가까워졌음에도 그 많은 야당 의원들 가운데 대통령 탄핵소추서를 작성한 인물이 단 한 명도 없다. 김대중과 김영삼 두 거목이 현재의 야당들을 진두지휘하고 있었다면 야당 의원들은 앞 다퉈 탄핵소추서를 작성하고서는 누가 더 많이 동료 의원들의 서명을 받아오는지 치열한 경쟁에 들어갔을 것이다. 그리고 의원회관은 동료 의원들의 서명을 받으려는 야당 의원들과, 서명을 방해하려는 대통령 호위무사 금배지들 간의 몸싸움으로 이미 아수라장이 열 번은 되고도 남았을 것이다.

그런데 오늘 구내식당에 점심을 먹으러 들어간 국회 분위기는 너무나 평화롭고 조용했다. 이제 국민들은 박근혜 대통령의 즉각적 사법 처리를 바라는 데에까지 나아갔다. 박 대통령의 사법 처리를 위해서는 그가 갖고 있는 현직 대통령이라는 면책특권을 지체 없이 박탈해야만 한다. 과연 지금의 국회가, 지금의 야당이 박근혜 대통령이 권좌에서 당장 물러나는 일을 정말 바라고 있는지 의심스러웠다. 20대 국회는 사상 최악의 사쿠라 국회라는 오명을 얻게 될지도 모른다는 육감(Sixth Sense)이 자꾸만 나를 스멀스멀 감싸는 이유다.

트럼프와 한국 정치 3

마리화나도 피우지 않고, 동성애도 하지 않으며, 뉴욕타임스나 워싱턴포스트와 같은 고담준론을 일삼는 신문들도 읽지 않는 평균적 미국 서민들의 입장으로 한 번 역지사지해 보자. 이들이 생각하기에 도널드 트럼프는 미국을 위해 전 세계를 상대로 사기를 칠 것처럼 보이는 인물이다. 반면에 힐러리 클린턴은 월가의 극소수 금융업자들을 위해서 미국을 상대로 사기를 칠 것처럼 보이는 인물이다.

정치는 일반 대중의 관점에서 세상을 변화시키는 일이다. 사회과학은 나의 관점에서 세상을 해석하는 일이다. 도널드 트럼프는 정치인답게 행동했다. 그는 대중의 관점에 서서 미국 사회를 어떻게 바꿔 나갈 것인지를 줄기차게 이야기해 나갔다. 힐러리 클린턴은 갓 박사 학위를 취득한 사회과학 전공자인 양 말했다. 그는 클린턴 본인의 관점에서 경쟁자인 트럼프가 얼마나 사악하고 불결한 인간인지를 고집스럽게 폭로했다. 트럼프의 선거운동 주제는 미국이었고, 힐러리 대선 캠페인의 고갱이는 트럼프였다. 아마 도널드 트럼프는 힐러리 클린턴이 그녀의 남편인 빌 클린턴을 제외한다면 이제껏 살아오면서 가장 많이 입에 올린 남자 이름이리라. 2016년의 제45대 미국 대통령 선거에서 힐러리는 트럼프에게 접수된 공화당에 이은 두 번째 행방불명자였던 셈이다.

한국의 언론과 정치 평론가들은 뉴욕타임스와 워싱턴포스트가 양산해 내는 반 트럼프, 친 클린턴 논조의 기사들을 정말 부지런히 맹목적으로 받아쓰다가 톡톡히 망신을 당했다. 그럼에노 사대주의적인 외신 받아쓰기에만 길들여진 대한민국 지식인 계급의 지독한 식민지 노예근성은 좀처럼 시정될 기미가 보이지 않는다. '미국의 신고립주의'를 우려한다는 식의 시각과 전망이 그 증거다.

우리나라 프로 야구의 최강팀을 가리는 경기를 한국 시리즈라고 이른다. 일본 프로 야구의 챔피언 결정전을 재팬 시리즈라고 부른다. 그런데 미국 프로 야구의 지존을 뽑는 시합의 명칭은 아메리카 시리즈도, USA 시리즈도 아니다. 잘 알다시피 '월드 시리즈' 다. 즉 미국인들에게 미국은 하나의 나라가 아니라 세계 그 자체다. 전통적 고립주의든, 트럼프가 밀어붙일 것이라고 소문이 자자한 신고립주의든 그것은 전문적인 직업 외교관들과 편안한 대학 캠퍼스에서 평생 벗어날 의지도 능력도 없는 소심하고 속물적인 먹물들 사이에서만 통용되는 현학적 수사일 따름이다. 평범한 미국인들, 특히 미국 사회의 주류를 형성하고 있는 땀 흘려 일하는 성실한 백인들은 자국의 국익을 최우선시하는 국가 정책을 고립주의라고 여기지 않는다. 미국 중심주의라고 높게 평가한다. 내가 트럼프의 정책 기조와 통치 철학을 한국의 식자층이 엄청나게 오독하고 있으며, 그 결과 사드 배치나 종군위안부 합의에 못잖은 초대형 외교 참사가 또다시 벌어질 것이라고 예견하는 이유다. 미국이 채택하지도 않은 고립주의를 근거로 한국 정부가 대미 외교를 펼칠 것이 분명한데 사고가 나지 않으려야 안 날 수가 없는 것이다.

좋은 정치는 자기 나라 국민들을 고려 대상 1순위로 자리매김하는 정치다. 자기 나라 국민들을 고려 대상 1순위로 설정한 정치는 나쁜 정치라고, 낡은 정치라고 믿는 사람들은 현실 정치에 관심을 끄고 해외로 자원봉사를 떠나거나, 아니면 지금부터 열심히 공부해서 국제연합, 곧 UN 사무국에서 일자리를 얻으면 된다. 다른 나라 사람들에게는 트럼프가 소의 자식인지, 말의 자식인지, 사람의 자식인지 그 정체가 아리송할지언정, 미국인들한테만은 트럼프가 착하고 양심적인 정치인은 아니어도 최소한 유능하고 감각 있는 정치인으로는 보이는 까닭이다.

비스마르크에 버금갈 명재상으로 명성을 날려 온 독일의 메르켈 총리가 최근 고전하는 원인이 바로 여기에 있다. 현재 메르켈은 베를린의 공장 노동자들의 급여 수준이나 프랑크푸르트의 출판사 직원들의 노동 조건보다는 시리아 난민들의 안전과 복지를 더욱 중시하는 것으로 보통의 독일 국민들의 뇌리에 인식되기 때문이다. 물론 독일인이 아닌 우리는 메르켈에게 뜨거운 박수를 보낸다. 하지만 우리가 당사자인 독일인이었어도 과연 빛나는 보편적 휴머니즘을 통 크게 마냥 발휘할 수가 있었을까? 대답은 각자 속으로만 하시기 바란다. 독자들에게 굳이 공개적으로 소리 내어 답변해 달라고 강요하지는 않겠다.

문재인 막대기, 추미애 막대기

           박근혜 대통령은 정치적으로 이미 고인이 된 상태다. 무려 200만 명 가까운 국민들이 자발적으로 동참한 촛불집회에서 단 한 명의 연행자도 발생하지 않은 사실은 한편으로는 집회와 시위가 대단히 평화적으로 이뤄졌음을 웅변하고, 또 다른 한편으로는 검찰과 경찰 같은 국가 공권력의 중핵 조직들이 박근혜 대통령에 대한 복종심은 물론이고 최소한의 보호 의지마저 상실했음을 시사한다.

  박근혜의 정치적 유고는 대한민국에 권력의 진공 상태를 낳았다. 과거에는 이 진공 상태를 전두환과 노태우 부류의 부패한 정치군인들이 파고들었다. 그러나 지금은 누구도 군부가 현실 정치에 개입해 국가 권력을 장악, 찬탈하리라고 생각하지는 않는다.

  쿠데타의 생명은 속도와 보안이다. 우리나라에서 등록된 자동차 대수는 2,100만 대를 훌쩍 넘어섰다. 군사 쿠데타를 시도하는 군대는 전광석화와 같은 속도는커녕 아마 삼보일배의 속도로 서울 도심을 향해 느릿느릿 진격해야만 하리라. 더군다나 보안은 속도보다도 더더욱 보장이 안 된다. 군에서 복무중인 병사들이 부모와 친구와 애인에게 휴대전화나 인터넷으로 부대의 출동 사실을 사전에 귀띔할 것이기 때문이다.

문제는 산업 구조의 고도화와 기술 발전이 가져온 이러한 광범위한 사회적 변화를 이해하지 못하는 인사가 하필이면 대한민국 제1야당의 수장이라는 데 있다. 더불어민주당 추미애 대표가 계엄령 가능성을 뜬금없이 제기했을 때 나는 추미애의 시계는 참여정부 최고존엄이 탄핵당한 2004년 3월 12일과 17대 총선이 치러진 그해 4월 15일 사이의 어디쯤에 머물러 있을지도 모른다는 느낌이 들었다. 당시 민주당 선대위원장을 맡고 있던 추미애 씨는 대통령 탄핵에 분노한 광주 시민들과 호남인들의 표심을 붙잡기 위해 금남로에서부터 망월동 국립묘지까지 삼보일배를 감행한 바가 있다. 불과 한 달 전만 해도 대통령을 탄핵하는 이유가 책 한 권은 넘을 것이라고 호언장담하던 당당한 자신감은 그 어느 구석에서도 찾아볼 수가 없었다.

　참여정부 최고존엄을 탄핵해야 하는 이유가 책 한 권을 쓰고도 남을 분량이었다면, 박근혜 대통령을 탄핵해야만 하는 이유는 세계 최대의 정보통신 기업인 구글이 보유한 서버들의 용량을 전부 채우고도 남을 지경이다. 최순실 패거리의 헌법 유린과 국정 농단 사태도, 김기춘의 정당성 없는 무소불위한 밤의 대통령 노릇도 박근혜의 적극적 관여와 일관된 묵인 없이는 애당초 일어나지 않았을 일이었기 때문이다.

　지난주 박근혜 대통령의 지지율이 사상 최저치를 재차 경신했다. 현직 대통령 지지율 4퍼센트는 대통령이 나라를 말아먹지 않고서는 도저히 찍지 못할 미증유의 대기록이다. 즉 거의 모든 국민들은 박근혜 대통령이 나라를 말끔하게 말아 잡쉈다고 판단하고 있음을 뜻한다.

　절대 다수의 국민이 박근혜 대통령이 나라를 말아먹었다고 판단하는 상황은, 야당 입장에서는, 특히 제1야당인 더불어민주당 입장에서는 막대기를 꽂아 놔도 대통령 선거에서 이길 수 있다고 믿을 수 있는 상황이기도

하다. 추미애 대표가 2004년 탄핵 정국 초기에 과시했던 옹골찬 기세를 너끈히 능가하고도 남을 정도의 과도한 자신감을 또다시 보여 주는 것이 무리가 아닌 까닭이다.

허나 현재 친노 세력이 주도권을 틀어쥐고 있는 우리나라의 야당들은 막대기만 꽂아 놔도 이기는 선거에서 별로 재미를 보지 못해 왔다. 왜냐? 막대기만 꽂아 놔도 이기는 선거마다 유권자들이 바라보기에는 막대기와 별다른 차별성이 없을 경쟁력 달리는 인물들을 고집스럽게 후보자로 내보내 온 탓이었다.

가까운 예로 2012년의 18대 대통령 선거를 복기해 보자. 그때 이명박 정권에 대한 민심의 반감은 작금의 박근혜 정권을 향한 국민들의 노여움과 폭과 깊이와 강도에서 막상막하였다. 그럼에도 12월에 치러진 대선에서 야당은 정권 교체에 실패했다. 본선 경쟁력이 상대적으로 뛰어난 것으로 알려진 손학규와 안철수를 한 명은 기기묘묘한 모바일 경선으로, 또 한 명은 비민주적인 단일화 프레임으로 차례차례 강제로 주저앉힌 다음 비교적 득표력이 떨어지는 문재인을 후보로 출전시킨 것이 치명적 패착이었다. 실력 따로, 성적 따로 논다는 견지에서 더불어민주당은 최순실의 딸인 정유라나 대한승마협회를 마냥 느긋하게 비난만 하고 있을 처지가 못 된다.

지금도 마찬가지다. 문재인은 국정 운영의 역량과 경륜에서는 손학규에게, 표의 확장성 측면에서는 안철수에게, 검증된 현장 행정의 경험과 능력에서는 박원순에게, 새롭고 신선한 이미지에서는 이재명에게 한참 미치지 못한다는 평가를 받고 있다. 그렇지만 문재인이 더불어민주당의 대선 후보로 여유 있게 선출되리라는 점을 의심하는 사람들은 거의 없다. 야당이 대선 후보로 막대기를 꽂아 놔도 당선될 것 같은 분위기를 이번에는 박근혜 정권이 만들어 준 덕분이다.

그런데 2012년과 중요한 차이점이 하나 있기는 하다. 야권 입장에서 막대기를 꽂아 놔도 승리할 것 같은 선거 구도가 다시금 만들어진 것은 같지만, '그렇다면 나도 한 번'이라고 용꿈을 꾸는 야심가들이 2016년에는 문재인 전 민주당 대표 말고도 더불어민주당 안에 많이 보인다는 것이다.

나는 지난 한 달 동안 추미애 대표의 동선과 메시지를 의도하지 않게 자세히 살펴봤다. 개인적인 관찰 결과 추미애의 발언과 움직임은 당대표에 만족하거나 킹메이커 자리를 노리는 정치인의 수위를 진즉에 뛰어넘어 있었다. 솔직히 말해서 막대기를 꽂아놔도 이길 것 같은 선거에 추미애라고 나가지 말라는 법은 없지 않은가? 막대기만 꽂아 놔도 이기는 선거에 더불어민주당 정치인들은 너도나도 "내가 막대기요!"를 외치며 출사표를 던질 테고, 더 이상 막대기를 꽂을 공간이 없어지는 그 순간 박근혜와 친박세력을 통렬히 직격했던 국민의 거대한 분노의 해일은 그 방향을 바꿔, 오만과 타성에 젖어 변화와 개혁을 거부하고 케케묵은 기득권에 안주하려는 낡은 패권주의적 정치인들과 정치 세력을 지상에서 흔적도 없이 쓸어버릴 것이다.

그날이 올 때까지, 까르페 디엠! 즉, 현재를 맘껏 즐기시라. 막대기 꽂기 놀이 열심히 하시면서.

국민의당의 「고도를 기다리며」

　　　　　　　　세상에서 가장 재수가 옴 붙은 인간은 누구일까? 아마 칼에 맞아 죽은 인간일 것이다. 오죽 운이 없었으면 칼로 '구타'를 당해 목숨을 잃었겠는가? 그렇다면 세상에서 제일 지능적인 사람은 누구일까? 필요할 경우에는 주판을 몽둥이로도 유연하게 사용할 줄 아는 사람이다.

　현재 국민의당에서 원대대표에 더해 비상대책위원장까지 겸하고 있는 박지원 의원은 대한민국의 모든 현역 정치인들을 통틀어 단연 최고의 전략통이라고 해도 과언이 아닐 것이다. 탁월한 정보력, 발군의 상황 판단 능력, 촌철살인의 언변 등 그는 이른바 고도의 정치력에서 타의 추종을 불허하는 인물이다. 이 고도의 정치력, 하필이면 그 고도의 정치력이 작게는 박지원 개인에게, 크게는 국민의당 전체에 돌이킬 수 없는 치명적 타격을 가할지도 모른다. 그 이유는 박지원 특유의 고도의 정치력이 제 꾀에 제가 넘어가는 식의 정치적 대참사를 불러온 데 있다.

　자세한 내막을 살펴보면 국민의당은 고도의 정치력을 발휘해 박근혜 대통령 탄핵안의 국회 가결을 성사시키려고 자기 나름으로는 최선을 다했다. 자세한 내막을 살펴보면…. 그러나 박근혜 대통령이 저지른 과오의 크기와 무게는, 국민들이 가슴에 품은 분노의 수위와 열기는 자세한 내막을 살펴보는 작업 자체를 진즉에 무의미한 일로 만들었다. 그럼에도 박지원은 고도의 정치력의 소유자답게 다양한 경우의 수들을 면밀하게 따지고, 이런저런 경로들을 꼼꼼하게 탐색했다. 벌써 주사위는 던져졌는데 그는 여전히 주판알만 퉁겼던 셈이다.

박지원 의원은 손에 있던 주판으로 박근혜 정권을 정통으로 가격해야 마땅했다. 지금의 정세는 주판을 몽둥이 용도로 사용해야만 할 순간인 까닭에서다. 그런데 그는 기존의 관성대로, 재래적인 고도의 정치력의 소유자답게 주판으로 계산에만 계속 열중했다. 그가 정치 8단에 오른 지 이미 수십 년이 지났음에도 아직까지 정치 9단으로 승단하지 못한 원인이다. 김대중 전 대통령이나 김영삼 전 대통령 같은 인물들은 필요하면 몽둥이 대신에 주판으로라도 상대방의 머리를 내려칠 줄 알았다는 점에서 단연 지능적인 정치인들이었고, 진정한 정치 9단이었다.

국민의당 안에 있는 자칭 타칭 전략가와 기획자들은 불과 반나절 전만 해도 이러한 쓰나미 사태가 발생할 것을 미처 헤아리지 못했으리라. 그들은 탄핵의 가능성을 높이기 위해 동분서주하는 국민의당이 커다란 민심의 호응을 얻을 것으로 자신만만하게 예상했으리라.

여러 인터넷 포털 사이트 중에서도 상대적으로 보수적인 누리꾼들이 주로 접속하는 네이버의 12월 2일 탄핵 무산 관련 기사를 보자 국민의당은 새누리당 2중대라는 투의 댓글에 공감은 2만 5천 개가 훌쩍 넘었고, 비공감 지수는 그 백분의 일에조차 채 미치지 못하는 2백 개 언저리에 머물러 있었다. 더 이상의 공감, 비공감 세기는 의미가 없기에 그 지점에서 관찰을 그만두었다.

11월 30일 저녁만 해도 국민의당 안의 자타칭 전략가와 기획자들은 대통령 탄핵안의 더 높은 가결 가능성을 찾으려 애쓰는 국민의당이 국민들을 감동시켜 정국을 주도할 수 있으리라는 장밋빛 환상에 취해 있었을 게다. 그들의 바람은 절반은 이루어졌고, 절반은 이루어지지 않았다. 국민의당 측의 반대로 2일 탄핵 발의가 일주일 연기되었다는 소식이 전해지자마자 '국민의당'이라는 단어는 인기 검색어 1위로 등극했다. 문제는 국민들이 국민의당을 욕하기 위해 검색에 나섰다는 점이겠으니.

국민의당 관계자들은 김무성 씨와 유승민 씨가 쌍두마차 격으로 이끄는 새누리당 내 비박 세력의 탄핵 참여를 유도하기 위한 섬세한 전략적 고려 아래 자신들은 섣부른 탄핵 발의에 착수하지 않았다고 항변하고 있다. 국민의당 지지자들 또한 비슷한 논리를 일제히 펴고 있다. 만약 탄핵안이 국회에서 통과되지 않으면 엄청난 후폭풍이 몰아칠 것이라나? 국민의당, 참 걱정도 팔자고, 오지랖들도 넓다.

나는 국민의당 사람들과 지지자들의 이러한 모습을 보고 「고도를 기다리며」라는 아주 오래 전에 읽은 희곡의 제목이 문득 떠올랐다. 그런데 어떡하지? 고도는 결코 오지 않듯이 비박은 오지 않는데…. 국민의당은 오지도 않을 비박을 기다리며 탄핵안 발의를 망설이는 것으로 국민들 눈에 비쳤고, 그 대가는 '새누리당 2중대'라는 국민의당 사람들이 꿈에도 듣기 싫어하는 들끓는 비난 여론이었다.

안철수와 박지원은 「고도를 기다리며」의 두 주인공인 블라디미르와 에스테라공처럼 비박을 기다린다. 허나 비박들은 오고 싶어도 올 수가 없다. 왜냐? 거의 모든 현직 국회의원들은 자신이 몸담은 정당이 여당이 되는지, 야당이 되는지에 대해서는 관심이 없다. 그들의 촉각은 다음 선거에서의 당선 여부에만 온통 쏠려 있기 마련이다.

2016년 막바지인 현재야 영남에서도 박근혜 반대 여론이 높지만 4년 뒤인 2020년 봄에는 다른 곳은 몰라도 영남 지역에서는 박근혜 탄핵에 찬성표를 던진 일은 선명한 주홍글씨가 될 것이 명백하다. 전혀 표 안 되는 짓인 것이다. 화재 피해자 위로를 구실로 강행된 박근혜의 전격적인 대구 서문시장 방문은 바로 그 급소를 노린 회심의 반격이었다. 한마디로 "너희들 4년 후에 보자!"는 소리다.

안철수와 박지원은 「고도를 기다리며」의 두 부조리한 주인공인 블라디미르와 에스테라공처럼 오지도 않을 비박을 기다리다가 관객들의, 아니 국민들의 조롱거리가 되고 말았다. 국민의당은 더불어민주당에게 당했다고, 추미애와 그 배후 조종자인 문재인에게 속았다고 억울함을 토로하지만 그러면 그럴수록 국민의당의 모양새만 오히려 더 구질구질해질 뿐이다. 단적으로 국민의당이 순수한 열정만으로 뭉친 청년당인가? 안철수와 박지원이 세상 물정 모르는 순진무구한 사회 초년생인가? 박근혜가 국민을 이기는 권력은 없다는 역사의 교훈을 새삼 일깨워 주었다면, 안철수와 문재인은 국민들의 집단 지성보다도 똑똑하고 지혜로운 고도의 정치력은 없다는 자명한 사실을 다시금 알려 주었다고 해야 할 것이다.

트럼프와 한국 정치 4

장강의 뒷물이 앞의 물을 밀어내듯이, 옛 것은 새것을 이기지 못한다. 그리고 오래된 것과 새로운 것의 구별은 늘 상대적이다. 새로운 것은 시간의 흐름과 더불어 필연적으로 오래된 것이 될 수밖에 없는 운명인 탓이다. 힐러리 클린턴도 한때는 아주 싱싱하고 파릇파릇한 새것이었다. 남편인 빌 클린턴을 뒤따라, 면밀히 관찰하자면 선발대로 내세워 백악관에 들어올 당시의 힐러리는 새로움과 신선함 그 자체였다. 그로부터 사반세기가 흐른 2016년 현재, 그녀는 모든 낡은 것들의 대명사가 되고 말았다. 그 까닭은 힐러리가 나이를 먹었기 때문만은 아니다. 만약 나이를 먹었다는 이유만으로 힐러리가 옛것이 되었다면, 그는 요번 미국 대통령 선거에서 도널드 트럼프에게 틀림없이 여유 있게 이겼으리라. 1946년생 개띠인 트럼프는 힐러리 클린턴보다 한 살 위다.

우리나라의 어느 아파트 브랜드 광고에는 이러한 문구가 등장한다. '당신이 사는 곳이 당신을 말한다.' 거주 지역과 집의 평수가 한 인간의 계급과 정체성을 설명하는 세상에서 섬뜩할 만큼 정확한, 그냥 흘려듣고 싶어도 흘려들을 수가 없는 얘기다. 이 아파트 광고 카피에 발맞춰 나도 한 번 주장해 보련다. '당신이 만나는 사람이 당신의 연식을 말한다.'

단언컨대 트럼프는 나쁜 사람이다. 클린턴도 나쁜 사람이다. 한데 트럼프는 클린턴에 견주면 새로운 사람, 즉 신인新人이다. 힐러리 클린턴이 낮에는 나이 먹은 내로라하는 좌파 석학들을 만나 자신의 진보성을 뽐내고, 밤에는 나이도 많고 돈도 많은 월가의 쟁쟁한 금융업자들과 회동해 선거자금을 모금할 때 도널드 트럼프는 텔레비전 리얼리티 쇼에서 매주 새로운 젊은 사람들을 향해 "You are fired!", 한국말로는 "넌 당장 해고야!"를 외쳤다. 비록 매몰찬 사장님 이미지이기는 했으나, 트럼프는 젊은이들과 어울려 호흡을 나누고 살을 부대끼는 나쁘지만, 젊은 오빠였다. 트럼프는 나쁘지만 젊어 보였다. 반면에 힐러리는 나쁜 데 더해 낡기까지 했다. 트럼프가 중장년 백인들의 압도적 지지를 받았다는 판세 분석은 문제의 본질을 비켜 간 단견이다. 관건은 힐러리가 청년층 유권자들로부터 그녀의 선거 캠프에서 기대한 만큼의 몰표를 수확하지 못했다는 점이다.

이제 눈길을 한국으로 돌려 보자. 지금의 한국 정치는 두 개의 낡은 것들이 적대적 상호 의존 관계를 형성하며 장기간 동안 공존해 오는 양상이다. 하나의 낡은 것은 박근혜 정권과 새누리당이다. 이들은 낡은 것과 함께 나쁘기까지 하다. 설상가상 격으로 박근혜 대통령은 '아픈 사람'이라는 세간의 조롱까지 받는 처지다. 또 하나의 낡은 것은 문재인 전 대표와 그가 실질적으로 당권을 장악한 더불어민주당이다.

더불어민주당은 새누리당과는 달리 드러내 놓고 요란하게 새것과 싸우지는 않는다. 그 대신에 그들은 새로운 것들의 출현을 은밀히 방해하고 억압하는 '저강도전쟁'을 매우 오래 전부터 수행해 왔다. 더불어민주당의 주력 집단인 86세대 정치인들이 클린턴 부부가 워싱턴의 중앙 정가에 입성한 시기인 1990년대 초반에 실무직 당직자 신분이나 국회의원 보좌진 형태로 여의도 정치권에 본격적으로 진출하기 시작했다는 사실은 상당히 의미심장하면서도 시사하는 바가 크다. 국민들 입장에서 그나마 불행 중 다행인 부분은 더불어민주당에는 박근혜 대통령처럼 심각하게 아픈 인간은 아직까지는 없다는 거다. 여기서 아프다는 표현은 몸이 아픈 것이 아니다. 이른바 '멘탈에 심각한 이상이 있음'을 뜻한다.

2016년의 미국 대선이 나쁘고 낡은 클린턴과 나쁘되 낡지는 않은 트럼프의 대결이었다면, 2012년의 대한민국 대선은 낡고 나쁜 박근혜 대 연식도, 선악도 종잡기 어려운 문재인의 격돌이었다. 조기 대선이 예비된 2016년의 한국 정치의 지형은 어떨까? 여론조사 지지율 1위라는 문재인은 새것의 단계를 거치지도 않은 채 논스톱으로 낡은 것이 되었다. 그는 일종의 '모태 구태'였던 셈이다. 더욱이 문재인을 착한 사람이라고 여기는 국민들은 점점 줄어드는 반면에, 이와 정비례해 그를 나쁜 사람이라고 생각하는 일반 대중의 비율은 점점 더 늘어나는 추세다.

이탈리아의 유명한 정치 철학자였던 그람시는 위기의 개념을 옛것은 죽었는데, 새것은 태어나지 않은 상태로 정의하였다. 오늘날의 한국 정치는 새것은 쥐뿔조차 보이지 않는 것은 기본이고, 옛것은 죽기는커녕 작년에 왔던 각설이 또 오는 식으로 쌩쌩하게 활개치고 다니는 형국이다. 이건 위기도 아니고 말 그대로 아수라장이다.

촛불시위에 연인원 사백만 명의 국민들이 참여했다고 한다. 이 수많은 숫자의 인파가 단지 나쁜 것만을 쫓아내고 싶어서, 곧 박근혜 대통령 한 명 청와대에서 물러나는 일만을 위해 쌀쌀할 날씨를 무릅쓰고서 길거리로 몰려 나왔을까? 당연히 아니다. 국민들은 나쁜 것은 물론 낡은 것까지 역사의 뒤안길로 퇴장시키기를 갈구한다. 내가 박근혜 대통령의 퇴진은 거대한 변화의 끝이 아니라 겨우 시작일 뿐이라고 확신하는 이유다.

박근혜 대통령 탄핵소추안 추진을 둘러싸고 야당이 드러낸 난맥상과 지리멸렬한 자중지란은 국민들이 다만 나쁜 것을 좇아내는 데 만족할 것이라고 착각해 일어난 사태다. 박지원 국민의당 비상대책위원장도, 추미애 더불어민주당 대표도 그저 종전부터 해오던 방식대로, 몸에 밴 관성적인 정치공학적 셈법에 따라 새누리당 비박들과 개별적으로 접촉해 거래를 시도하고 흥정을 꾀했다. 이들은 본인들의 그러한 행동이 탄핵 가결의 가능성을 높여 줄 것이라고 판단했기에 국민들로부터 '참 잘했어요!' 라는 평가와 박수를 받으리라고 내심 믿었으리라.

그러나 결과는 거대한 민심의 분노에 직면한 것이었다. 최순실 일당의 국정 농단 사건을 계기로 봇물 같이 터진 국민적 분노의 물결이 낡은 것은 놔둔 채 나쁜 것만 골라서 휩쓸어 가리라고 계산했던 것이 추미애의 패착이었고, 박지원의 오판이었다. 그리고 이러한 오판과 패착은 국민의당 열성 지지자들과 더불어민주당의 열혈 지지층 사이에서 여전히 고집스럽게 공유되고 있다. 나쁜 것은 절대 용서받지 못해도 낡은 것은 그럭저럭 묵인될 수 있으리라는 안일하고 시대착오적 고정관념이.

'질서 있는 퇴진'이라는 대국민 사기극

          운명이다. 아니, 이쯤 되면 운명을 넘어 아예 팔자다. 박근혜 대통령이 현행 헌법에 보장된 5년 임기를 전부 마치지 못하고 청와대에서 창피하게 쫓겨나는 사태 말이다.

    엊그제 국회에서 발의된 박근혜 대통령 탄핵소추안의 가결이 거의 기정사실이 됐다. 이제 관건은 승패가 아니라 점수 차이다. 연인원 육백만 명을 웃도는 국민들이 촛불을 들고서 거리와 광장으로 몰려나와 '박근혜 퇴진!'을 입을 모아 힘차게 외친 위대한 국민 혁명에 감히 맞서서 탄핵 반대표를 던질 정도의 강심장을 가진 새누리당 국회의원들이 과연 몇 명이나 될지 매우 궁금하기 때문이다.

    반대표를 던진 그들은 무능하고 부패한 임금과 함께 목이 잘려 나간 충성스러운 왕당파로 오랜 시간이 흐른 뒤에 어쩌면 역사책에 각주로 기록될지도 모른다. 그러나 2016년 12월 현재, 이미 실효적으로는 대한민국 대통령으로서의 자격도 권능도 권위는 물론이고 심지어 인간적 자존심마저 모두 상실한 박근혜를 지키겠답시고 민심을 거역한다는 것은 끽해 봤자 수레바퀴 앞을 무모하게 막아서는 사마귀의 당랑거철 순장조 신세밖에 되지 않을 게 분명하다. 살아 있는 인간 병마용이 되기를 자처하는 헛짓거리일 뿐이다.

탄핵안이 국회 본회의장을 통과한 다음에 여의도 정치권이 연출할 추레하고 비루한 정경은 벌써 충분히 짐작이 가고도 남는다. 새누리당은 당 내에 남아 있는 박근혜의 흔적을 지우기 위해 당명 개정을 필두로 할 수 있는 모든 쇼를 다할 것으로 전망된다. 야당은 박근혜 탄핵의 일등 공신을 저마다 자처하며 숟가락 꽂기에 여념이 없으리라.

이와 같은 여야의 이해관계가 일치해 일어난 사건이 예년과 다름없이 금년에도 자행된 쪽지 예산의 추태다. 촛불을 켜고 광화문으로 나갔다가 집으로 돌아오는 국민들이 동네에서 아마 제일 먼저 마주칠 모습은 멀쩡한 보도블록을 걷어 내고 새로 인도를 포장하는 낭비적인 관급 공사 현장일 터이다. 누가 대통령을 걷어 내랬지, 보도블록 걷어 내라고 했나?

집권 여당인 새누리당에게 국민들은 면죄부를 줄 계획이 전혀 없다. 온갖 눈치 살피며 이리저리 짱구 굴리다가 막판에 탄핵에 찬성했다고 해서 새누리당이 박근혜 대통령의 헌법 유린을 방조하고 최순실 일당의 국정 농단을 묵인한 책임에서 자유로워질 수는 없다. 이 자리에서 명확하게 대못을 박아 두겠다. 새누리당 구성원들은 모조리 박근혜와 공범 관계다. 여기에서는 며칠 전 새누리당을 탈당한 남경필 씨나 김용태 씨 또한 예외가 될 수 없다. 도주 순서가 빠르다고 해서 범죄의 무게가 가벼워지는 건 아니다.

야당은 철면피한 기회주의적 근성을 여지없이 드러냈다는 부분에서는 새누리당 비박계와 견주어 별로 나을 구석이 없다. 그 압권은 이른바 '질서 있는 퇴진' 프레임이다. 어떤 인물이 '질서 있는 퇴진'이라는 표현을 가장 빨리 사용했는지는 여전히 오리무중이다. 문제는 이것이 박근혜 대통령에게 시간을 질질 끌며 반격을 도모할 수 있는 빌미와 여유를 제공했다는 데 있다. 청와대와 새누리당은 질서 있는 퇴진을 구실로 내세워 정국의 분위기 반전을 꾀하면서 국민들의 피로감을 부추기고, 야당의 분열을 획책했다. 그 과정에서 국정공백은 장기화됐고, 국가 브랜드는 바닥을 모르고 날개 없는 추락을 거듭했다. 오죽했으면 우리나라 청와대가 남성들의 발기 불능 치료제인 비아그라의 연관 검색어가 되었겠는가?

혁명은 질서의 일시적 소멸을 뜻한다. 왜냐? 시대착오적 족쇄가 되어버린 기존 질서의 전면적 해체와 전복 없이는 역사 발전의 단계에 무리 없이 조응할 새로운 질서를 창출하기가 원천적으로 불가능한 이유에서다. 구질서가 소리치는 질서는 새로운 질서의 출현을 반대한다는 이야기의 완곡한 표현에 지나지 않는다. 2016년의 11월 국민 혁명에서 국민들은 박근혜 대통령의 무조건 퇴진을 요구했다. 정치권은 '질서 있는 퇴진' 프레임을 만들어 내 국민들의 여망에 지능적인 물 타기를 시도했고, 이러한 김빼기 작전에는 새누리당과 더불어민주당이라는 양대 기득권 정치 세력에 더해 애먼 국민의당까지 자신의 주제 파악 못 하고서 철딱서니 없이 가세했다.

파괴적 혼란은 구질서가 무너질 때에 빚어지지 않는다. 새로운 질서가 제때 나타나지 못할 때 생겨난다. 질서 있는 퇴진은 새로운 질서의 탄생을 교묘하게 가로막는 교활하고 음흉한 악마의 유혹이었다. 하지만 역설적으로 그 악마의 유혹이 더욱 크고 거세며 뜨거운 국민적 저항을 불러 왔고, 그 결과 질서 있는 퇴진을 부르짖었던 자들마저 무조건 퇴진으로 슬그머니 말을 갈아타기에 이르렀다.

우리는 '질서 있는 퇴진'은 '여성 친화적 성폭행' 만큼이나 앞뒤가 맞지 않는 심각하게 모순된 어법임을 지혜롭게 간파해야만 한다. 나는 최순실 게이트가 터진 직후부터 박근혜 대통령의 무조건적인 즉각 퇴진은 정의롭고 평등한, 그리고 부강하고 번영하는 참다운 민주 공화국을 건설해 나가는 거대한 역사적 대장정의 첫 걸음에 불과할 따름이라고 외롭지만 줄기차게 주장해 왔다.

그래서 재차 강조하는 바이다. 박근혜 탄핵은 끝이 아니라 시작일 뿐이다. 우리가 단지 박근혜 축출에만 만족하고서 더 이상의 전진을 멈출 때 제2, 제3의 '질서 있는 퇴진론자'들이 다시금 준동할 테고, 그들의 준동을 강 건너 불구경으로 방치한다면 우리는 구질서가 강요하는 고통스러우면서도 시대착오적인 '박근혜 없는 박근혜 체제로' 아주 질서 있게 복귀당하게 될 것이다.

제헌의회 소집하라

　　　　　　　　박근혜 대통령 탄핵이 초읽기에 돌입했다. 청와대는 자진 사퇴를 거부하며 갈 데까지 가 보자고 선언했다. 장렬하게 옥쇄할 각오 아래 잔존한 친박들, 곧 잔박 세력을 부장품 삼아 헌법재판소에다 마지막 저항선을 치겠다는 포석이다. 국회에서 압도적 표 차이로 탄핵을 당할 것이 확실함에도 불구하고 여전히 버티기로 일관하는 중인 대통령의 생사여탈권은 결국 헌재 재판관들이 쥐게 됐고, 국민들은 탄핵소추안의 인용을 촉구하며 헌법재판소 앞에서 장엄한 촛불의 물결을 이룰 태세다.

　여기까지는 삼척동자라도 충분히 예상할 수 있는 확률 99.9퍼센트의 순도 높은 시나리오다. 그런데 수백만 명의 국민들이 누구나 다 빤히 예상할 수 있는 상황을 나중에 확인해 보려고 가족이나 친구, 혹은 연인과의 즐겁고 오붓한 휴식 시간을 반납한 채 매주 토요일 저녁마다 차가운 밤거리로 몰려 나왔겠는가?
　물론 아니다. 역사적으로 수많은 군중이 손에 노동을 위한 도구 대신 낫과 몽둥이를, 총과 화염병을, 양초와 LED 촛불을 시대의 변천에 조응해 차례로 바꿔 들고서 거리와 광장에 운집한 건 변화를 이루려는 목적과 동기에서였다. 칼 마르크스의 저 유명한 테제처럼 인류의 역사는 계급 투쟁의 역사였던 것이다. 기성 체제의 낡은 질서를 유지하려는 소수의 지배 계급과, 새로운 세상의 출현 즉 후천개벽을 간절히 염원하는 피지배 민중 사이의 싸움이 문명사의 씨줄과 날줄을 직조해 왔고, 이와 같은 인류사의 보편적 합법칙성에서는 우리나라 역시 예외가 아니다. 박근혜 대통령의 직무가 정지되고 그 자리에 황교안 국무총리가 대통령 권한대행으로 들어서 박근혜 정권이 견지해 온 국정 운영의 기조를 그대로 이어간다면 이것처럼 허망한 일도 없는 연유다. 그야말로 죽 쒀서 개 주는 결과밖에 되지 않는다.

따라서 황교안도 박근혜처럼 탄핵하면 된다는 목소리가 도처에서 비등하다. 나 또한 황교안 총리는 박근혜 대통령 탄핵안이 국회 본회의에서 통과되는 즉시 총리직에서 자진 사퇴하는 게 마땅하다고 생각한다. 통합진보당의 피를 손에 묻힌 황교안이 실효적 측면에서 국가원수이자 정부수반으로 활동한다는 점은 대한민국이 정당 설립의 기본권적 자유조차 존재하지 않는 영락없는 후진적인 독재 국가임을 스스로 자인하는 꼴이기 때문이다.

허나 박근혜 자르고 황교안 쫓아낸 다음 그곳에 착한 대통령과 착한 총리와 착한 장관들을 들어앉히는 걸로 위대한 2016년 국민 혁명이 태산명동서일필 격의 무늬만 대단원의 막을 썰렁하게 내려야 하는 것일까? 아마 이것이 제1야당인 더불어민주당 수뇌부와 여론조사 지지도 1등이라는 문재인 전 대표 진영에서 내심 기대하고 있을 최상의 결말인지도 모른다. 박근혜의 후속 주자로 청와대에 입성한 문재인 입에서 "이제부터 국민 여러분께서는 생업에만 전념하시고…"로 시작되는 또 다른 대국민 담화가 나올 가능성을 전적으로 배제할 수만은 없는 이유다.

지금으로부터 30년 전에 제헌의회, 약칭 CA사건이 있었다. 제헌의회 (*Constitutional Assembly*)를 소집해 근본적 체제 변혁을 꾀하려는 지하 조직이 공안 기관에 일망타진된 일이었다. 이 사건으로 최민과 김성식을 위시한 다수의 학생운동 출신 이론가와 현장 실천가들이 안기부(오늘날의 국가정보원)에서 모진 고문을 당하고는 몇 년 동안 힘들고 쓰라린 옥고를 치르게 된다.

전두환이라는 희대의 살인마가 대통령을 하고, 민주정의당이란 전형적인 어용 관제 여당이 국회의 다수 의석을 차지하고 있었어도 국가 자체로서 1980년대의 대한민국은 2010년대의 대한민국과 비교해 더 우수한 문제해결 능력과, 더 풍부한 발전과 성장 가능성을 내포했었다. 제헌의회 그룹이 운동권 내에서 소수파로 머문 데에는 단지 정권의 혹독한 탄압만이 작용한 것은 아닌 까닭이다.

반면에 2016년의 대한민국은 군부 독재 시절의 겨울공화국만도 못한 희망 없는 헬조선으로 퇴락하고 말았다. 그런데도 박근혜 탄핵하고, 황교안 쫓아내고, 집권당만 새누리당에서 더불어민주당으로 임무 교대를 시키자는 것은 연산군 내쫓고 중종 추대하는 반정이나, 서인 조정 물러나고 남인 조정 등장하는 환국 정도에서 소심하게 만족하자는 뜻이다. 국민은 난치병에 걸려 고생하는데 손등 위에 겨우 노란색 대일밴드 한 장 달랑 붙여 주고는 "다 나으셨습니다"라고 음흉하고 교활하게 사기 치는 식이다.

대한민국은 아무리 크게, 많이 바뀌어도 결코 지나치지 않다. 행정부는 주민센터에서 주민등록등본 발급해 주는 말단 공무원까지 깡그리 바뀌어야 하고, 국회는 청소 노동자와 구내 식당 배식 노동자 빼고는 그 구성원이 전원 교체되어야 하며, 법원과 검찰은 신규로 임용된 판검사들 포함해 모조리 다시 뽑아야 할 지경이다. 그래야 국민들의 강렬한 변화의 요구에 가까스로 턱걸이로나마 부응할 수가 있다. 그리고 이러한 과감하고 전폭적인 총체적 변화의 선두에는 민의의 전당이자 민심의 집결소인 국회가 있어야 한다. 더욱이 현재의 20대 국회는 다음의 세 가지 중요하고 본질적 사유로 말미암아 더 이상 존속해야 할 명분과 정당성을 치명적으로 상실했다.

첫째, 박근혜로부터 실질적으로 공천장을 받은 것과 매한가지인 사실상의 유정회 국회의원들이 재적 의원의 3분의 1을 훨씬 뛰어넘는 120명이나 된다는 점.

둘째, 야당 의원들 가운데 상당수는 비민주적이고 인위적인 후보 단일화의 기획물이거나, 여론조사 점수와 모바일 투표로 상징되는 불투명한 경선 과정을 거쳐 금배지를 단 인물들이라는 점.

셋째, 최순실 일당과 김기춘 패거리의 입김 아래 강제 해산된 통합진보당 소속 정치인들의 공민권이 부당하게 제한되고, 이들을 지지하는 유권자들의 정치적 선택권이 심각하게 침해된 상태에서 지난 총선이 치러졌다는 점.

그러므로 정부만 바꾸고 국회를 그대로 두는 짓은 마치 아기를 돌보면서 엉덩이 사이에 낀 큼지막한 응가 덩어리는 그냥 놔두고 기저귀만 갈아채우는 것처럼 눈 가리고 아웅 하는 데 지나지 않는다. 정치권과 시민사회 일각에서는 개헌이냐, 호헌이냐로 벌써부터 편이 나뉘는 분위기다. 그러나 빛의 속도로 앞으로 나아가는 세계와 민심을 삼보일배의 지독히 느린 속도로 힘겹게 뒤따라가는 현존 대한민국 국가 시스템의 근간을 완전히 갈아엎지 않고서 대증요법으로 고작 헌법만 땜빵으로 손질한다면 아무런 의미가 없다. 헌법 몇 줄 바꾼다고 골병 든 이 나라가 깨끗하게 완치될 리만무한 탓이다.

국민들은 나라를 다시 세운다는 마음가짐으로, 처음부터 새롭게 출발한다는 결연한 자세로 머리에서부터 발끝까지 대한민국을 남김없이 바꾸기를 바란다. 그러자면 새 술을 담을 의지도 능력도 없는 작금의 20대 국회는 박근혜 대봉령과 나란히 역사의 뒤안실로 소용히, 순순히, 질서가 있든 없든 무조건 퇴장해야만 한다.

　20대 국회 다음에 들어설 국회가 그저 단순한 21대 국회에 불과하다면 우리 민속은 미래가 없다. 없어도 아주 없다. 미래로 가려면, 희망을 뇌찾으려면 우리는 부강하고 민주적인 인구 팔천 만의 통일된 자주 국가의 출범을 명칭에서도, 기능에서도 성공적으로 준비해 나갈 수 있는 명실상부한 제헌의회의 소집이 필수다.

　제헌의회 그룹은 실패하지 않았다. 다만 한 세대 일찍 나왔을 뿐이다. 학생운동의 ㅎ자 근처에도 얼씬거리지 않았던 나 같은 평범하고 순진무구한 일반 대중마저 그들이 오래 전에 외쳤던 구호에 공감이 가는 것은 이제 대한민국 정치가 '박근혜 즉시 탄핵 대 질서 있는 퇴진'의 대립으로부터, '현상 유지 대 담대한 변화'의 대결 구도로 전선의 성격이 본질적으로 바뀌기 일보직전이기 때문이다. 박근혜의 친박이든, 문재인의 친문이든 '지금 이대로!'를 건배하며 기득권에 집착하는 세력은 질주하는 수레바퀴 앞을 막아선 무모한 사마귀의 운명을 피할 수 없을 것이다. 나는 박근혜 탄핵안 가결 직후 거리와 광장의 국민들이 곧장 이렇게 외치리라 믿는다.

　"제헌의회 소집하여 새로운 나라 세우자!"

혁명은 계속돼야 한다 –
The Revolution Must Go On!

박근혜 대통령 탄핵소추안이 국회에서 압도적 표 차이로 가결되었다. 전체 재적 의원 299명 가운데 무려 234명이 탄핵안에 찬성표를 던졌으니 굳이 복기를 필요가 없을 정도의 일방적 경기였다고 하겠다. 정세균 국회의장의 입에서 탄핵 가결이 선포되자마자 내가 있는 사무실과 가까운 여의도 국회의사당 앞에서는 군중의 우레와 같은 함성과 박수 소리가 일제히 터져 나왔다. 한마디로 축제분위기였다.

그럼에도 나는 오늘 12월 9일 오후의 흥겨운 잔치마당에 마음 편하게 선뜻 합류도, 동참도, 편승도 할 수 없었다. 박근혜 대통령의 모든 직무와 권한이 정지된 그 순간에조차 대한민국이라는 이름의, 87년 헌법 체제라는 이름의, 소위 자본주의 시장질서라는 이름의, 직업 공무원 제도라는 이름의 낡고 무능한 기성 체제에는 시쳇말로 사소한 기스 하나 나지 않은 까닭에서였다.

단적으로 박근혜가 청와대 귀퉁이에서 폐서인처럼 숨만 쉬고 있게 됐다고 해서 당장 개성공단 재가동의 전망이 밝아졌는가? 수십조 원의 천문학적 혈세를 강바닥에 허망하게 처박아 버린 이명박 정권의 4대강 정비 사업에 직간접으로 관여했던 관료 한 명을 국민들 맘대로 자를 수 있는가? 아버지 주방에서 닭 튀기시고, 어머니 홀에서 서빙하시는 평범한 서민 가정의 자녀들에게 깊은 울분과 크나큰 좌절감을 안겨 준 로스쿨 중에 단 한 개라도 즉각 폐교시킬 수가 있는가?

시선을 대선 시계의 초침에 가속도가 더해진 여의도 현실 정치로 돌린다면 최근 폭발적 상승세를 타고 있다는 이재명 성남시장의 열혈 지지자들에게는 속 터지는 지적이겠지만 문재인 전 대표에게 일방적으로 유리하게 짜인 더불어민주당의 불공정한 기존 경선 규칙에 메스가 가해지겠는가? 비노와 비문들이 진즉에 학을 뗀 더불어민주당의 무원칙하고 편파적인 경선 규칙은 '기울어진 운동장'도 모자라 아예 '움직이는 운동장'이 되어 버린 지 오래인데도….

냉정히 관찰하자면 박근혜 탄핵만으로 실제로 바뀌는 건 하나도 없다. 왜냐? 박근혜는 작게는 최순실의 공범이고 얼굴마담이었지만, 크게는 대한민국이라는 이름의, 87년 체제라는 이름의, 직업 공무원 제도라는 이름의. 소위 자본주의 시장질서라는 이름의 낡고 무능하고 무책임한 시스템의 수혜자이자 꼭두각시였기 때문이다. 사람의 얼굴은 로션 하나 바꿨을 뿐인데도 인상이 확 나아질 수 있다. 반면에 낡고 무능하고 무책임한 시스템은 최고 권력자 하나 갈아 치운다고 해서 그 본질적 성격과 구조가 변하지 않는다.

우리는 '혁명보다 어려운 것이 개혁'이라는 명제를 귀에 못이 박히도록 오랫동안 지겹게 들어 왔다. 그런데 나는 이 말을 들을 때마다 한국 사회에 만연한 소심증과 울렁증이 생각나 불쾌하기 짝이 없다. 한국인은 천성적으로 혁명을 할 수 없다는, 일제가 심어 놓은 간악한 식민 사관의 연장

선처럼 느껴져 몸서리가 쳐지기 일쑤였다.

「White Men Can't Jump」라는 코미디 영화가 있다. 백인은 덩크슛을 할 수 없다는 고정관념에 스스로 굴복해 외곽에서 3점슛만 쏘아 대는 이른바 양궁 농구에만 안주해 온 한 백인이 어느 날 대오각성해 자신감을 되찾고는 마침내 덩크를 할 수 있게 된다는 이야기였다. 그것도 저 어렵다는 고난도의 앨리웁으로!

그렇다. 표면적으로는 보수를 참칭하든, 또는 진보로 행세하든 거의 모든 한국의 주류 엘리트들은 '한국인은 혁명을 할 수 없다'는 잘못된 고정관념과 그릇된 패배주의를 국민들에게 장기간에 걸쳐 끊임없이 조직적이고 체계적으로 주입시켜 왔다. 대중에게 오도된 인식을 주도면밀하게 불어넣어 민중을 무기력한 존재로 전락시키는 교묘한 정치 공작을 우리는 보통 '세뇌'라고 부른다.

명예혁명이라고? 평화 혁명이라고? 이런 말들을 하는 사람들 가운데 상당수는 물론 선의를 갖고서 명예혁명을 칭송하고, 평화 혁명을 찬양한다. 그렇지만 귤이 회수를 건너면 탱자가 된다고 했듯이, 21세기의 한국에서 명예혁명이나 평화 혁명은 조지 오웰이 그의 유명한 정치 풍자 소설인 『1984』에서 언급한 신어(New Speak)와 의도와 목적이 똑같다. 『1984』의 무소불위의 독재자가 운위하는 평화와 진실이 사실은 전쟁과 거짓을 함의하는 것처럼, 2016년 가을 이후의 남한에서 명예혁명을 주장하고 평화 혁명을 부르짖는 것은 내심으로는 혁명하지 말자는 소리다.

따라서 명예혁명은 '지금 이대로'로 직역되어야 맞다. 평화 혁명은 '이쯤에서 그만하자'로 이해되어야 마땅하다. 친박이 박근혜 탄핵을 계기로 정치적으로 불귀의 객이 된 현재, 한국 사회 최대최강의 보수 반동적인 수구 기득권 집단으로 자리매김한 문재인의 친문 세력이 유달리 평화 혁명을 강요하고, 명예혁명으로 국민들의 뜨거운 가슴을 급속 냉각시키려고 시도하는 이유는 그들에게는 박근혜만 바뀌고 다른 모든 것은 종전과 하등 변함없이 현상 유지가 되는 '지금 이대로'가 더할 나위 없이 행복하고 만족스러운 상태인 데 있다.

혁명의 시작을 계획할 수는 있다. 허나 혁명의 중단마저 계획할 수는 없다. 혁명의 수문을 여는 것은 일부 정치 세력의 정치 공학적 책략만으로 가능하다. 허나 장강을 이루어 도도히 흘러가는 거대한 혁명의 물결을 특정 정파가 인위적으로 제어하거나 관리하는 일은 엄밀한 과학적 견지에서도, 엄숙한 도덕윤리의 관점에서도 원천적으로 불가능하다.

역사의 주사위는 던져졌고, 혁명의 활시위는 이미 당겨졌다. 이제부터는 혁명이 가자는 대로, 민중이 향하는 곳으로 우리의 대오와 전열이 흐트러지지 말아야 한다. 나는 혁명이 가려는 세상이, 민중이 향하는 나라가 정확히 어디인지 모른다. 대신에 이것 한 가지 만은 확실하고 명징하게 알고 있다. 혁명이 가고자 하는 데가, 민중이 닿기를 바라는 장소가 대한민국이라는 이름의, 87년 헌정 체제라는 이름의, 직업 공무원 제도라는 이름의, 소위 자본주의 시장질서라는 이름의 낡고 부패하며 무능하고 무책임한 앙시앙 레짐, 즉 구체제가 아니란 점만은.

박근혜와 문재인이 얼굴마담 겸 꼭두각시 역할만 슬그머니 바통 터치할 낡고 무능한 구체제 너머로 힘차게 나아가려는 우리의 꿈이 현실에서 이뤄지기 전에는 끝날 때까지 끝난 것이 아니다. 박근혜 탄핵은 우리 모두의 꿈을 현실로 만들어 나가는, 국민과 함께하는 위대한 도전과 모험의 끝이 아니라 단지 시작일 따름이다. 따라서 혁명은 계속돼야 한다.

"The Revolution must go on!"

혁명이냐, 법치냐 1

검증된 꽃미남 조인성이냐? 누나들의 로망 박보검이냐? 대한민국 최고의 미남이 누군지에 관해 설문 조사를 한다면 짐작하건대 수백 가지의 다종다양한 대답이 백출할 것이다. 비의 여자 김태희냐? 국민 첫사랑 수지냐? 우리나라의 대표 미인에 대한 답변 또한 걷잡을 수 없는 백화제방을 이룰 것이 분명하다.

허나 남한에 살고 있는 5천만 명의 인구 중에서 가장 약삭빠른 인간을 꼽아 보라는 질문에 대해서는 단박에 국론 통일을 달성할 수 있으리라. 왜냐? 대한민국에서 가장 약삭빠른 인물은 단연 이명박 전 대통령, 즉 MB일 터이기 때문이다. 만약 MB보다도 더 약삭빠른 인간을 아시면 연락 주시기 바란다. 두둑한 거액의 현상금을 드리지는 못할지언정 교통비를 아껴서라도 반드시 후사하도록 하겠다.

김용태 의원은 중앙일보 홍석현 회장 밑에서 기민하게 사회생활을 하며 착실히 경력을 쌓은 다음, 이명박 정권 출범을 계기로 현실 정치에 입문해 성공가도를 질주해 왔다. 박근혜 정권 아래에서 온갖 패악질을 저지르며 악명을 떨쳐온 아스팔트 보수나, 국가 안보와 돈벌이를 직접적으로 동일시하는 '직업이 애국인 사람들' 부류와는 결을 달리하는 인물이다.

따라서 보수를 참칭하는 한국 기득권 세력의 과거 역사를 알고 싶으면 김기춘을 보면 된다. 그들의 미래의 진로를 전망하길 원한다면 김용태의 앞으로의 행보를 주시하면 된다. 친이 세력이 여태껏 용케 살아남은 비결은 그들 나름 미래의 생존에 필요한 투자와 준비를 치밀하게 해 온 덕분이다. 반면에 친박들은 과거의 방식과 인맥에 맹목적으로 집착하다가 최태민의 딸 최순실의 국정 농단에 발목이 잡혀 재기불능의 폐족 신세가 되고 말 처지다.

김용태의 대중적 인지도는 아직은 그리 높지 못한 편이다. 그럼에도 중앙일보를 필두로 한 조선일보와 동아일보 등의 보수 언론은 그의 일거수 일투족에 부지런히 스포트라이트를 비추어 주고 있다. 그 이유는 김용태가 보수의 내년 농사를 책임질 88꿈나무 같은 존재인 데 있다.

나는 이와 같은 연유로 보수, 아니 대한민국 주류 기득권 세력의 88꿈나무가 박근혜의 새누리당을 선도 탈당하면서 발표한 성명서를 두 번, 세 번에 걸쳐 유심히 읽어 내려갔다. 사실 한 차례 만 읽어도 요지를 파악하기에 충분한 상황이었다. 김용태가 던진 핵심 메시지는 바로 이 한 단어에 강렬하게 농축되어 있었던 탓이다. 법치法治!

아니나 다를까, 박근혜 대통령 탄핵소추안이 12월 9일 국회 본회의에서 압도적 숫자의 찬성표로 가결됨과 거의 동시에 조중동 삼총사는 사설과 기명 칼럼 같은 가동할 수 있는 모든 확성기들을 총동원해 일제히 법치를 부르짖기 시작했다. 마치 법치만 제대로 확립되면 이 나라에 당장 태평성대가 깃들일 것 같은 기세다.

하지만 과연 그럴까? 대한민국에 법의 지배가 안정적으로 구현되지 못한 까닭에 최순실 모녀와 그 피붙이들이 활개를 치고, 이재용의 삼성이 서민 대중의 피땀으로 조성된 나라의 마지막 곳간인 국민연금에 함부로 손을 대며, 소년 급제로 어려서부서 크게 이름을 날린 우병우 전 청와대 민정수석의 행방이 돌연 묘연해진 것일까?

당연히 아니다. 법치는 국가 발전의, 사회 진보의 손과 발일 따름이다. 한마디로 수단일 뿐이다. 몸통이 건강해야 손발도 건강한 법이다. 심장과 폐에, 간과 위장에, 그리고 결정적으로 뇌와 척추가 병들었는데 수족이 튼튼할 리 있겠는가? 물론 예외 없는 법칙은 없다고 몸통과 장기는 비정상임에도 팔다리만 극히 멀쩡한 생명체가 하나 있기는 하다. 프랑켄슈타인이라고. 프랑켄슈타인 박사가 탄생시킨 인격도, 영혼도 없는 괴물 말이다. 김용태가 탈당 성명서로 동을 뜨고, 동아일보 김순덕 논설위원이 문재인 전 더불어민주당 대표를 향해 뜬금없이 야지를 놓은 것으로 중간 결산을 마친 법치파의 주장의 속내를 간단히 요약하면 대한민국을 몸통은 썩어 문드러졌는데 팔다리만 쌩쌩하게 움직이는, 법치라는 이름으로 개명된 프랑켄슈타인으로 개조하겠다는 것이다. 그러나 최서원을 개명 전의 원래 호칭인 최순실로 불러 주듯이, 나도 법치를 본명으로 불러 주고 싶다. 프랑켄슈타인이라고. 그렇다면 이제부터 우리가 밝혀 내야 할 진실은 저들이 법치라는 이름의 프랑켄슈타인을 황급히 부랴부랴 선보인 의도와 속셈이다.

소비에트 연방 공화국을 창건한 블라디미르 레닌(1870~1924)은 사회주의 혁명은 제국주의 단계에 도달한 독점 자본주의의 제일 약한 고리인 러시아 제국에서 일어날 것이라고 예언했고, 그의 예측은 러시아 10월혁명을 통해 정확히 적중했다. 그런데 상대방의 가장 약한 고리를 타격하는 전략은 혁명 세력의 독점적 전유물만이 아니다. 반혁명 세력, 곧 머리에서 발끝까지 낡고 썩은 세상을 모조리 확 뒤집어엎는 근본적인 사회 변혁을 억지로 틀어막으려고 획책하는 보수 반동 집단 역시 혁명 진영의 제일 약한 고리를 공략하면서 본격적 반격에 나서기 마련이다.

김순덕의 문재인 공격은 문재인파가 2016년 국민 혁명의 주동 세력이기 때문이 아니다. 실상은 그와는 정반대다. 문재인과 그가 이끄는 친문 세력은 국민 혁명의 가장 약한 고리다. 쉽게 풀이하자면 반혁명 세력 입장에서는 혁명 세력의 전열에서 비교적 이탈시키기 쉬운, 때에 따라서는 반혁명 세력의 일원으로 포섭하고 전향시켜 잘하면 빈혁명군의 돌격내 용노로까지 이용할 수 있는 단연 만만한 표적이 다름 아닌 문재인파일 수 있다는 점이다.

프랑스 대혁명의 불꽃을 강제로 꺼뜨린 신성동맹 체제에서 오스트리아의 재상 메테르니히가 차르의 러시아에게 유럽 대륙의 진보를 원천 봉쇄하는 '유럽의 헌병' 구실을 위탁했듯이, 한국의 수구 기득권 세력은 촛불 시위로 폭발적으로 끓어오른 민중의 거대한 혁명적 변화의 에너지를 교묘하게 소진시켜 버리는 '남한의 헌병' 역할을 문재인파에게 아웃소싱 줄지도 모른다는 뜻이다.

혁명이냐 법치냐 2

친박계의 몰표를 등에 업은 정우택 의원이 새누리당의 신임 원내대표로 선출됐다. 원내대표가 대표권한대행 역할까지 맡기로 예정된 까닭에 새누리당은 박근혜 대통령의 순장조가 되기를 스스로 택한 셈이다. 그들의 소원대로 새누리당을 빨리 흙 덮고 자게 해 줄 방법을 찾아내는 것이 우리에게 주어진 피할 수 없는 역사적 과제가 되었다.

정우택 체제의 출범으로 말미암아 비박 세력 중심의 새로운 보수 정당의 탄생은 이제 단지 시간문제에 지나지 않게 된 양상이다. 더불어민주당과 국민의당 전부 독자적 대선 후보를 내보낼 터이므로 조기 대선이 확실시되는 2017년의 제19대 대통령 선거는 4파전 양상으로 치러질 것이 분명하다. 1987년 12월 16일에 실시된 13대 대통령 선거 이후 30년 만에 처음으로 뚜렷한 4자 경쟁 구도가 제대로 형성된 셈이다.

표면적으로는 동일한 4자 구도이되 둘 사이에는 30년이라는 시차만큼이나 중요하고 본질적인 차이점이 존재한다. 김대중, 김영삼, 김종필의 3김 전원이 출마한 87년 대선이 1여 3야로 전개되었다면, 2015년의 4자 구도는 여당 후보도 2명, 야당 후보도 2명인 상태로 전개될 듯싶다. 중차

대한 차이점은 하나 더 있다. 1987년에는 김대중 후보의 평화민주당 진영만이 4자 필승론을 신봉한 것과는 다르게 2017년 대통령 선거에서는 더불어민주당, 국민의당, 새누리당, 비박신당 모두 4자 구도에서는 자신들이 승리를 거둘 수 있으리라고 확신할 가능성이 크다는 부분이다.

4자 구도로 펼쳐질 대선은 최근 지지율에서 죽을 쑤고 있는 국민의당 안철수 의원에게 회생의 통로를 열어 줄지도 모른다. 안철수가 제도권 정치를 시작한 이래로 ㄱ를 유령처럼 따라다니며 괴롭혀 온 것이 소위 단일화 프레임이다. 하지만 4자 구도에서는 그 누구도 안철수에게 단일화나 후보 연대를 강요하기가 더는 불가능해진다. 이를테면 여론조사 지지도에서 문재인이 1등, 안철수가 2등, 비박신당 주자가 3등, 새누리당 소속 대권 후보가 4등을 달린다고 가정해 보시라. 야권 후보 단일화를 구실로 안철수에게 문재인과의 협상에 나서라고 종용하는 인물이나 집단이 나타난다면 낡은 기득권 정치의 전면적 타파를 간절히 염원하는 평범한 일반 국민들은 그(들)를 정신병자 또는 특정 정당의 하수인이라고 격렬히 성토할 것이 뻔하다.

물론 변수가 있기는 하다. 4자 구도가 5자 구도나 6자 구도로까지 확대될 개연성을 전적으로 배제할 수만은 없다는 뜻이다. 핵분열의 씨앗은 더불어민주당 안에 휴화산으로 잠재해 있다. 예컨대 민심은 이재명 성남시장을 압도적으로 응원하는데, 모바일 경선으로 상징되는 폐쇄적 당심만은 민심의 흐름과는 아랑곳없이 문재인 전 의원을 대표선수로 옹립할 경우다.

박근혜 대통령이 국회에서 압도적 찬성으로 탄핵소추를 당한 국면에서도 문재인의 본선 승리 가능성에 대해서는 여전히 회의론이 팽배해 있다. 문재인에게는 확고한 콘크리트 지지층도 있지만, 지지층보다도 훨씬 더

큰 규모의 강고한 콘크리트 반대층 또한 존재하는 까닭에서다. 어느 시대, 어느 나라에서건 선거는 적극적 지지자가 가장 많은 후보가 아니라 적극적 반대자가 제일 적은 후보자가 결국은 승리의 여신과 입맞춤하기 마련이다. 여기까지가 여의도식의 현실적 정치 문법 분석이다. 이제부터는 거의 모든 국민들이 공감하고 고개를 끄덕일 당위론적 얘기를 해 보도록 하겠다.

나는 금년의 20대 총선에서 새누리당 공천을 받아 출마해 당선된 정치인들은 대선은 꿈도 꾸지 말아야 한다고 생각한다. 왜냐? 그들은 실질적으로는 박근혜 대통령에게서, 더 엄밀하게 보자면 최순실로부터 공천장을 받은 사람들이라고 해도 과언이 아닐 것이기 때문이다.

아니, 국민들의 분노는 새누리당 구성원들이 대선을 포기하는 정도로는 만족하지 않는다. 새누리당을 비롯한 범여권의 추대와 지지를 받아 대선에 도전장을 던지려는 인사들 역시도 대통령 자격이 없다고 국민들은 믿고 있다. 이를테면 반기문 유엔 사무총장이 대한민국 차기 대통령이 되고 싶다면 무소속 후보로서 대권 경쟁에 참여하는 것이 최소한의 양심과 상식과 시대정신에 부합하는 행동이다. 만약 그가 새누리당 소속이나 비박신당 후보로 대선에 출사표를 던진다면 반 총장 역시 최순실 부역자라는 호된 비판으로부터 결코 자유롭지 못하게 될 것이다.

아니다. 이조차 나의 안이한 정세 인식이었다. 국민들은 새누리당 사람들이 당장 정치에서 손을 뗄 것을 요구하고 있다. 해체만이 정답인 정당이 새누리당이고, 은퇴만이 살길인 사람들이 새누리당 정치인들임을 국민들은 광화문을 비롯한 전국 곳곳의 광장과 거리에서 엄중히 선포하였다. 새누리당이 사라진 깨끗한 국회와 새누리당 사람들이 일제히 정계를 은퇴한

맑고 투명한 한국 정치를 상상하는 것만으로도 가슴이 설레고 얼굴에 화색이 도는 인간이 비단 나 혼자만은 아닐 게다.

허나 새누리당을 해산시킬 방안도, 저 역겹고 꼴 보기 싫은 새누리당의 친박 8적들을 정계에서 완전히 퇴출시킬 수단도 현실적으로는 전무하다. 연인원 천만 명 가까운 숫자의 국민들이 차가운 길거리에 나와 박근혜 퇴진을 외치고, 새누리당 해산을 촉구했는데도 말이다. 왜일까? 현재의 헌정 질서가 새누리당을 확실하게 보호해 주는 탓이다. 이른바 87년 헌법 체제가 친박 8적들의 정치 생명이나 국회의원 임기를 안정적으로 보장해 주는 탓이다.

지금 당장 총선을 치른다고 상정해 보자. 장담하건대 새누리당은 친박이든 비박이든 전 지역구를 통틀어 10명도 채 살아서 돌아오기 어렵다. 그만큼 박근혜 정권을 향한 민심의 분노가 거대하고, 새누리당에 대한 국민들의 불신이 크다는 의미다. 그럼에도 단적으로 서청원과 최경환의, 김진태와 윤상현의, 이정현과 이장우와 조원진의 금배지는 앞으로 4년간 더 그들의 가슴에 착 달라붙어 있을 것이다.

어디 그뿐이랴? 그들에게는 억대의 국민 혈세가 세비 명목으로 매년 꼬박꼬박 지급될 테고, 그들의 보좌진에게 나갈 월급도 국민들이 내는 세금에서 밀리지 않고 나올 것이다. 세상에 이렇게 화나고 분통 터지는 일이 또 있겠는가?

국민들이 열불 날 건수는 더 있다. 내년에는 새누리당도, 비박신당도 수백억 원대의 수입을 올릴 수 있다는 거다. 선거 때가 되면 더 많은 국고보조금이 국회에서 교섭 단체를 구성한 정당들에게 지원되는 이유에서다. 이 세상에 병원 없는 병 없고, 해결책 없는 문제 없는 법이다. 한국 정치 최대의 적폐이며 골칫거리인 친박들을 척결하고 퇴치할 신통한 비법이자 신묘한 특효약이 한 가지 있기는 하다. 바로 국회 해산이다. 최순실의 남자들로 득시글거리는 불의하고 무능한 20대 국회에 일찌감치 마침표를 찍고 대선과 함께 총선도 조기에 다시 치름으로써 박근혜-최순실 게이트를 계기로 확 변한 유권자들의 표심에 정확히 조응하는 새로운 정권을 만들고, 새로운 국회를 꾸리자는 것이다.

국회 해산은 자연스럽게 개헌을 전제한다. 국회의원의 임기는, 즉 친박들의 철밥통은 이미 앞에서 지적한 바대로 현행 헌법이 사나운 경비견처럼 지켜 주고 있기 때문이다. 친박만 신나는 죽은 법치, 죽은 헌법을 선택할 것이냐? 아니면 대다수 국민들이 행복해지는 통 큰 변화와 살아 있는 혁명의 길로 나아가느냐? 이 미룰 수도, 거부할 수도 없는 사활적인 선택의 기로 앞에 지금 우리는 서 있다.

혁명이냐 법치냐 3
- 국회 해산은 친박 청산의 전제다 -

　　적폐 청산이 국가적 화두가 되었다. 나라 곳곳에 켜켜이 쌓인 쓰레기들을 말끔하게 청소하자는 뜻이다. 그만큼 변화에 대한 국민들의 기대와 요구가 크다는 의미다. 찬물에도 위아래가 있듯이, 적폐 청산에도 순서와 완급이 있는 법이다. 국민들은 최우선적으로 청산되어야 할 적폐로 박근혜 대통령의 근위병이자 호위무사를 자처하면서 그 반대급부로 권세와 특혜를 만끽해 온 친박 세력을 지목하고 있다.

　　걸어 다니는 적폐라고 할 이 친박 세력들을 제일 많이 포용하고 있는 공간이 올해 상반기에 출범한 제20대 국회다. 친박 세력은 친문 세력과 더불어 20대 국회에서 가장 많은 현역 국회의원들을 거느리고 있기 때문이다. 친박들은 자신들의 입맛에 맞는 정진석 의원을 당대표 권한대행까지 겸직할 수 있는 제왕적 원내대표로 만듦으로써 건재를 과시했다.

　　어쩌면 친박이라는 표현은 정확한 현실을 반영하지 못할지도 모른다. 월간중앙에 실린 고영태 씨의 인터뷰에 따르면 최순실 씨가 박근혜 대통령과의 통화에서 서청원 의원을 새누리당 당대표로 밀어야 한다고 이야기하는 것을 들었는데, 그 말투와 분위기가 마치 상관이 아랫사람에게 지시하는 것 같았다고 한다. 친박이라는 껍질을 벗기면 그 속에는 친최, 곧 친최순실들이 알맹이로 숨어 있었다.

그런데 본질은 허영심 가득한 일개 강남 아줌마에 지나지 않는 최씨가 대한민국의 국가원수이자 정부수반인 박 대통령을 상왕처럼 부려먹었는지, 아니면 오랜 친구 자격으로 개인적 차원의 조언을 했는지가 아니다. 관건은 선출되지 않은 권력자인 최순실이 선출된 권력을 책임지는 검증된 당대표를 뽑는 집권당 당수 경선 과정에서 매우 중요한 역할을 했다는 점이다. 최순실은 박근혜 대통령과 나란히 새누리당의 공동 통치자이자, 친박 세력의 양대 주주였던 셈이다.

박정희 정권의 엄혹한 유신 체제 시절에 유신정우회라는 정치 조직이 있었다. 약칭인 '유정회'로 세간에 더 잘 알려진 이 집단은 겉으로는 통일주체국민회의에 의해 선출되는 형식을 취했지만, 실질적으로는 박정희 맘대로 낙점해 국회에 파견한 청와대의 근위병이요, 호위무사였다. 국회의원도 아니고, 그렇다고 국회의원이 아닌 것도 아닌 독특한 신분의 이 유정회 국회의원들은 공식 집권 여당인 공화당 의원들보다도 더 악랄하고 광신적으로 유신 체제를 옹호하고 찬양해 국민들의 공분을 샀다. 유정회 의원의 숫자는 국회 전체 의석의 3분의 1에 달했다.

그나마 유정회 의원들은 대통령인 박정희가 고르기라도 했다. 최순실씨가 새누리당의 공천 작업에 깊숙이 개입했다는 의혹과 정황이 단순한 심증 차원을 넘어 사실과 물증 수준에 점점 가까워지는 요즘은 새누리당 소속 금배지들이 박근혜의 남자인지, 최순실의 남자인지마저 헷갈릴 지경이다.

박근혜의 남자인지, 최순실의 남자인지 정체가 아리송한 대다수 새누리당 의원들은 본인들이 유권자의 직접 투표를 거쳐 국회에 진출했다고 강변하고 싶을 게다. 그러나 새누리당 의원들의 대부분이 일단 새누리당 후보만 되면 막대기를 꽂아 놔도 무조건 당선되는 지역구 출신임을 감안하면 현재의 새누리당 의원들과 과거의 유정회 의원들 사이에 과연 질적으로 얼마나 차별성과 변별력이 있을지 심히 의심스럽다. 새누리낭 의원들은 가슴에 손을 얹고서 양심의 소리에 한 번 진지하게 귀를 기울여 보시기 바란다.

이러한 배경과 사정으로 말미암아 적폐 청산의 첫 단계는 친박 청산이 당연하면서도 자연스럽게 될 수밖에 없다. 문제는 사실상의 유정회 의원이라고 일컬어야 마땅할 국회의원들이 20대 국회 전체 의석의 3분의 1이 훨씬 넘는 의석수를 점유하고 있다는 점이다. 일각에서는 진짜 친박, 즉 진박만을 친박 세력으로 분류해야 한다는 주장을 편다. 모르고서 하는 얘기면 천부당만부당한 헛소리이고, 알고서도 하는 말이라면 사악한 궤변이다. 친박이든 비박이든 그 뿌리는 하나같이 친박에 가 닿는 탓이다. 그게 아니라면 며칠 전에 새누리당을 탈당한 남경필 경기도지사까지 2014년 지방선거에서 박근혜를 지키겠다며 선거 운동에 나선 것을 어떻게 설명하겠는가? 친박이든 비박이든 초록이 동색인 이유다.

우리 속담에 '빈대 한 마리 잡으려다 초가삼간 태울 수 있다' 는 경고의 말이 있다. 하지만 상황에 따라서는, 국민이 바라고 역사가 명령할 경우에는 빈대 한 마리를 잡기 위해 초가집 정도가 아니라 아흔아홉 칸 기와집도 아낌없이 불태워야만 할 때가 있고, 지금이 바로 그때다.

국회의원은 결코 빈대가 아니다. 새로운 법을 만들거나 없앨 수 있고, 국가 예산을 심의할 수 있으며, 다수의 유급 직원을 휘하에 두고서 면책특권을 비롯한 막강한 권력 수단들을 손에 쥐고 있다. 적당한 숫자만 규합하면 이른바 국회선진화법에 기대어 언제라도 국정을 마비시킬 수 있는 능력자들이 국회의원이다. 그 으리으리한 국회의원이, 더군다나 최순실이 공천에 관여한 새누리당 소속의 국회의원이 현재의 20대 국회에서 무려 130명 가까이 군림하고 있다. 그러므로 다음에 누가 대통령으로 당선되건 상관없이 실패한 대통령이 될 것이 예정되어 있다. 왜냐? 생존을 목적으로 잠시 위장이혼을 택한 친박과 비박이 다시 대오를 합쳐 사사건건 차기 정부의 발목을 잡을 것이 분명하기 때문이다.

이와 같은 의회 구도와 정치 질서 아래에서는 심지어 세종대왕이나 이순신 장군이 돌아와 대한민국 19대 대통령으로 선출된다 해도 국회선진화법을 필살기로 앞세운 새누리당 친박 세력의 집요한 발목 잡기와 끈질긴 방해 책동에 가로막혀 변변한 개혁 정책 하나 시행하지 못할 것이 뻔하다. 2012년에 박근혜가 국회선진화법 제정에 얼떨결에 동의한 것이 결과적으로 신의 한 수가 돼버린 격이다.

2016년 국민혁명에 담긴 민심의 참뜻은 우리나라를 머리에서부터 발끝까지 혁명적으로 과감하게 확 바꿔 놓으라는 데 있다. 국민혁명에 담긴 민의의 요구와 시대정신을 성공적으로 성과 있게 실천해 나가려면 국회가 제헌의회 버금가는 근본적인 국가 재설계의 견인차가 되어야 함에도 작금의 20대 국회는 친문 부류의 정치 자영업자들을 위한 괜찮은 일자리 구실에 머물고 있다. 국민 혁명의 거대한 물결을 거꾸로 되돌리려는 수구 반동 세력의 선봉에 선 친박들을 위한 안전하고 합법적인 도피처로 변질되어 있다. 설령 야당이 정권을 잡는다 한들 국회 내에 반혁명의 바리케이드를 철통같이 치고 있는 친박들에게 원천봉쇄를 당해 숨 쉬는 것을 빼놓으면 할 수 있는 일이 임기 내내 아무것도 없을 것이 명약관화한 까닭이다.

그러니 박근혜 대통령은 폐서인이 되어 청와대 구석에 유폐되었는데도 친박은 폐족은커녕 외려 더 기세등등해져 점령군처럼 행세하고 있는 것이다. 이러한 역설적 현실이야말로 20대 국회가 한국 사회의 전면적인 혁명적 변화를 단단히 틀어막고 있는 '남한의 헌병'임을 생생하게 폭로하는 섬뜩한 증거라고 하겠다.

국가 운영의 필수적인 한 축인 의회 권력이 대한민국을 머리에서부터 발끝까지 확 바꾸는, 국민과 힘께하는 위대한 도전과 모험의 선발대로 거듭나려면 지금의 20대 국회는 하루빨리 해산되어야 한다. 지체 없는 국회 해산 없는 친박 청산은 구태 정치의 유지에 봉사하고 기득권 정치의 확대 재생산에 부역하는 공허한 말장난에 불과하다. 국회 해산의 선결 요건은 개헌이다. 나는 국회 해산을 위한 방법론적 측면에서는 강경한 개헌파다, 허나 즉각적인 국회 해산을 전제하지 않는 그 어떠한 개헌에도 반대한다는 맥락에서는 철두철미한 호헌파이기도 하다.

개성공단 대 북해도 터널

아베 신조(安倍晋三) 일본 총리의 지지율이 5.9퍼센트나 급락했다고 한다. 이건 좋은 소식이다.

지금부터는 독자들에게 나쁜 소식을 전해 드리도록 하겠다. 지지도가 일시에 거의 6프로나 떨어졌음에도 일본의 교도통신이 조사한 아베의 최신 지지율은 무려 54.8퍼센트라고 한다. 폐서인 신분이 되어 청와대 관저에 유폐당한 박근혜 대통령과 비교하면 열 배가 넘는 숫자고, 현재 우리나라 차기 대선 주자들 가운데 지지율에서 선두를 달리고 있다는 문재인 전 의원과 견주면 30퍼센트를 더하고도 남는 수치다.

더 기분 나쁜 소식은 아베의 지지율 하락이 검증 안 된 무자격 비선 실세가 개입한 국정 농단 따위의 개인적 비행 때문은 아니라는 점이다. 그는 자기 나름대로 일본의 새로운 미래를 창조하려는 노력을 기울이는 과정에서 소기의 성과를 거두지 못한 결과로 지지율에서 타격을 입었다. 높은 지지율을 매끈한 피부와 맞바꾼 박근혜와는 딴판으로 아베는 고공 비행중인 지지도를 발판 삼아 국운 개척을 시도했던 셈이다.

아베는 그야말로 참 나쁜 사람이다. 남북한과 중국을 비롯한 여러 주변 국가들에 엄청난 고통과 피해를 안겨 준 식민 지배와 침략 전쟁에 대한 진솔한 사과와 반성을 한사코 회피하는 한편으로 미일 동맹을 빙자해 일본을 전쟁을 할 수 있는 나라를 가리키는, 소위 보통국가로 개조하려 집요하게 획책하고 있다. 아베가 이끄는 일본의 몰상식과 파렴치함은 한일 위안부 합의에서 여지없이 드러난다. 문제는 결함투성이인 위안부 합의가 한국 정부의 협조와 양보가 뒷받침된 탓에 성사될 수 있었다는 점이다. 대통령 박근혜가 정말 죄 많은 인간인 이유다.

부지런히 상대를 욕만 해서 이길 수 있는 싸움은 이 지구상에 별로 없다. 심지어 선거조차 이제는 폭로전과 흑색선전 등의 네거티브 공세에만 주로 의지해서는 이기기 어려운 풍토로 바뀌었다. 따라서 적을 완벽히 제압하려면 적의 의도와 목적을 정확히 파악한 다음, 적보다 신속하게 선수를 치는 것이 최선의 승리 방정식이라고 하겠다.

아베는 대단히 큰 꿈을 꾸고 있다. 그는 일본을 유라시아 대륙과 연결시킴으로써 섬나라로서 오랫동안 지녀 온 숙명적 한계로부터 벗어나려는 당찬 야심을 품고 있다. 우리나라가 박근혜 탄핵과 촛불시위로 한창 시끄럽던 12월 15일과 16일 이틀 동안에 걸쳐 아베는 블라디미르 푸틴 러시아 대통령과 머리는 물론이고 맨살까지 맞대고서 북방 4개 도서 반환을 교섭했다. 외신에 의하면 20세기 초반에 두 차례나 피비린내 나는 전쟁을 벌였던 앙숙지간인 나라들끼리의 정상 회담이라고는 보기 힘든 화기애애한 분위기였다고 한다. 아베가 푸틴을 자신의 고향으로 초대해 온천 관광과 유도 시합 구경을 시켜 줄 정도로 극진히 대접했기 때문이다.

일본과 러시아는 실은 세 번 전쟁을 치렀다. 일본이 '노몬한 사건'이라는 이상한 명칭으로 축소 명명한 소련 시베리아 주둔군과 일본 관동군 사이의 무력 충돌은 양측을 통틀어 수백 대의 전차와 항공기가 파괴되고, 수만 명의 사상자가 발생한 전투였던 까닭에서다. 웬만한 나라들 간의 전면전에 해당하는 치열한 대규모 교전이었다.

아베의 융숭한 접대와 일본 정부의 통 큰 러시아 퍼주기 약속에도 불구하고 북방 4개 도서 반환과 관련해 괄목한 만한 진전은 없었고, 이로 말미암아 아베의 여론조사 지지율은 폭락하고 말았다. 역시 푸틴은 푸틴이고, 러시아는 러시아다. 교활하고 눈치 빠른 전직 정보원 출신을 국가원수로 둔 노회하고 능글맞은 북극곰이 일본의 얄팍한 구애와 느끼한 돈질에 그렇게 쉽게 호락호락 넘어갈 리 있겠는가? 하지만 우리가 일본 외교의 망신 사태에 은근히 고소해하며 아베의 지지율 하락을 마냥 마음 편히 즐길 수 있을 만큼 오늘날 대한민국의 처지는 그리 편하지도, 유쾌하지도 못하다. '첫 술에 배부를 수 없다'고 했다. 게다가 일본은 지구력이 있는 나라고, 일본인의 끈기는 세계 최정상급이다. 양은냄비처럼 쉽게 끓고, 쉽게 식곤 하는 현대의 한국인이나 한국과는 크게 다르다.

우리가 20세기 초에 일본의 식민지로 전락한 근본적 원인은 한민족의 자주적 역량으로 근대 민족국가를 건설하는 일에 실패한 데 있다. 여기까지는 초등학생도 아는 기초 상식 수준의 근현대사다. 그런데 한 꺼풀 더 속으로 들어가 보면 대한제국은 망하고, 일본제국은 반세기 넘도록 흥한 연유는 전자는 바다로 나아가지 못하고, 후자는 해양으로 성공적으로 진출한 부분에 있다. 바다는 평등하고 물은 평평하다. 다만 물을 다루고 바다를 왕래하는 민족과 국가들의 능력이 불평등할 따름이다. 일본이 대구경 함포를 탑재하고 수면 위를 쌩쌩 스치듯 항해하는 근대적 대형 증기선을 독자적으로 설계하고 건조할 때 조선은 아직도 새우젓 싣고서 마포나루 들락거리는 황포돛배나 느릿느릿 몰고 있었다.

20세기에 바다로 나아가는 경쟁의 승패가 국가의 부침과 민족의 흥망을 결정했다면, 21세기는 대륙으로 진출할 수 있느냐 없느냐의 경쟁력의 유무가 겨레의 운명과 나라의 성쇠를 가른다. 20세기가 대한해협에서 벌어진 러시아 발틱함대와 일본 연합함대의 포격전으로 서막을 연 것과 달리, 21세기는 아라비아 사막 한가운데서 펼쳐진 미 육군의 에이브람스 전차와 이라크 공화국 수비대의 T-72 탱크의 싸움으로 시작된 사실을 우리는 무신경하게 흥밋거리로만 대충 가볍게 보아 넘겨서는 안 된다. 대한해협 해전은 일본 연합함대의 대승리로 끝났고, 아라비아 사막의 전차전은 미군의 압승으로 종결되었다. 둘 다 정규군 간의 전투라고 부르기조차 민망한 일방적 학살극이었다.

그렇다. 우리는 드넓은 태평양으로 먼저 가는 자가 이기는 20세기의 한일전에서 변변히 힘 한 번 못 써 보고 허망하게 패배했다. 일본이 섬나라이며, 대양으로 향하는 출로가 훨씬 다양한 점을 감안하면 우리 입장에서는 약간의 변명과 자기 위안을 할 수 있는 대결이었다. 21세기의 신한일전은 광대한 유라시아 대륙으로 누가 앞서 나가느냐에 승부의 추가 달려 있음이 분명하다. 지정학적 조건만 살펴본다면 이 경쟁에서는 우리가 압도적으로 우세하다. 우리는 대륙과 곧바로 연결된 한반도에 터전을 잡고 있고, 일본은 유라시아 섬 바깥의 대륙에 자국의 영토라고는 밭 한 뙈기, 땅 한 평도 없는 고립된 열도 국가다.

허나 천시는 지리만 못하고, 지리는 인화만 못하다고 했다. 기존에 주어진 자연 환경의 유불리는 인간의 의지와 능력 앞에서 큰 의미가 없다는 뜻이다. 일본의 아베는 북해도와 사할린 섬을 직통하는 해저 터널 건설을 추진 중이다. 천문학적 금액이 달할 걸로 예상되는 공사비의 거의 전액을 일본이 기꺼이 부담할 예정이라고 한다. 그렇지만 일본이 대륙으로 연결

될 수만 있다면 아무리 많은 공사비를 쏟아 부어도 결코 아깝지 않을 기념비적 사업이다.

한국의 현실은 어떠한가? 길이도 아니고 '폭'이 155마일이나 되는 대륙으로 가는 길이 휴전선 철조망으로 꽉 막혀 있다. 휴전선 중간중간에서 대륙으로 이어지는 작은 숨구멍 역할을 해왔던 개성공단과 금강산 관광길은 이명박 정권과 박근혜 정권에 들어와 넓어지기는커녕 되레 완전히 틀어 막혔다. 나라 전체가 막다른 골목으로 내몰린 꼴이고, 민족 모두가 대륙으로부터의 산소 공급이 끊어져 머잖아 질식사할 위기다.

21세기는 철도의 르네상스 시대이기도 하다. 대륙을 종횡무진 질주하는 고속 전철을 비단길에, 초원길에 주도적으로 앞장서 까는 나라가 지구촌의 대다수 인류를 지배하게 되어 있다. 5대양을 자유롭게 누비는 화물선과 노급 전함들을 더 많이 보유한 국가가 제해권을 장악하고서 세계를 호령한 일과 마찬가지 이치다.

20세기 초반, 바다로 나아가게 해 주는 근대적 증기선은 일본만이 갖고 있었다. 조선에는 쓸 만한 선박이 없다시피했다. 반면에 21세기 초엽에는 한일 양국 전부가 고속 철도를 제작하고 부설할 자금과 기술력을 충분히 갖추고 있다. 기술과 기술자가 나라를 살리고, 그 기술과 기술자를 살리는 것은 정치고 정치인이다. 아베는 북해도와 사할린을 잇는 해저 터널을 트로이 목마로 활용해 일본의 신칸센을 유라시아 대륙 도처로 침투시키려고 한다. 북해도 해저 터널을 이용해 대륙으로 통하는 일본의 신칸센 열차들이 구한말 한반도 주변 해역을 제집처럼 드나들던 일본 연합함대 군함들처럼 언제 휴전선 너머에서 불쑥 나타날지 모를 일이다.

평범한 국민이건 출세한 엘리트건, 자칭 보수든 타칭 진보든 진지하고 심각한 위기의식을 가져야 한다. 그리고 이 위기의식은 개성공단을 재가동하고, 금강산 관광길을 다시 여는 범국민적 지혜와 에너지로 모아져야만 한다. 촛불로 박근혜를 이길 수는 있다. 그러나 촛불로는 오직 박근혜 정권에게만 이길 수 있을 뿐이다. 내가 이른바 촛불시민들을 내수용에 불과하다고, 안방 대장에 지나지 않는다고 서슴없이 평가절하 하는 이유다. 유라시아 대륙으로 먼저 나가는 자가 무조건 승리하는 새로운 한일전에서 우리나라를 확실하고 절대적인 승자로 만들어 줄 유능하고 강력하며, 남대하고 진취적인 사령탑이 너무 늦기 전에 우리 민족 앞에 어서 등장했으면 좋겠다.

통일의 반대말은 죽음이다
– 맞아죽을 각오로 제안하는 도발적 인구 정책 –

신생아 숫자가 역대 최저치를 기록했다는 소식이다. 저출산 고령화 현상이 필연적으로 불러올 인구 절벽 사태로 말미암아 나라가 곧 망할 것이란 우울한 경고성 전망을 이미 오래 전부터 들어 온 터라 솔직히 별 감흥은 없다. 더군다나 나는 보수 우파적 정치 이념의 소유자다. 남의 자식도 아니고, 자기 자식을 낳으라고 권하는데도 기를 쓰고 낳지 않으려는 사람들은 그냥 혼자 무자식 상팔자로 편안히 살게끔 내버려두는 것이 상책이라고 믿는다. 그 대신 나중에 쓸쓸한 노년을 맞았을 때 크나큰 후회감이야 몰려들겠지만 그 또한 본인들이 선택한 일이다. 젊어서는 선택의 자유를 누리고, 나이 들어 선택의 의무를 이행하는 것이 한 인간의 삶의 올바른 순서다. 젊어서의 선택의 자유는 사유화하면서, 늙어서 치러야만 할 선택의 대가는 사회화하라고 요구하는 것은 어찌 보면 최순실 모녀 뺨치는 일종의 도둑놈 심보일지도 모른다.

국가의 3요소는 주권과 영토와 인구다. 식구 없는 가족 없듯이, 인간이 살지 않는 국가는 세상에 존재하기가 원천적으로 불가능한 법이다. 저출산을 걱정하는 학자들은, 인구 절벽을 우려하는 전문가들은 그와 같은 문제의식 아래서 사상 최소의 신생아 탄생 숫자를 공포감 가득한 눈초리로 바라봤으리라. 그런데 나는 아직까지는 인구 감소 문제를 크고 심각하게 여기지 않는다. 왜냐? 인구 감소에 대한 대책은, 저출산 문제에 관한 해법은 진즉에 나와 있기 때문이다. 너무나 간단해 허망하게 느껴질 정도다. 뜸이 길었다. 그 해법과 대책을 이제 소개해 본다.

'대한민국의 영토는 한반도와 그 부속도서로 한다.'
우리나라 헌법 제3조의 내용이다. 역대 최저치의 신생아 숫자는 우리가 휴전선 이남의 영토에만 고집스럽게 시선을 한정할 때 도출되는 통계다. 시야를 헌법에 규정된 대한민국 영토 전체로 확대하면 한반도에는 나라의 운명을 이끌고, 겨레의 내일을 이어 갈 작은 거인들이 고고지성을 울리며 여전히 적잖게 태어나고 있다. 물론 북한의 인구는 남한에 비해 훨씬 적은 2,511만 명이다. 출산율도 1.9명으로 높은 숫자라고 보기는 힘들다. 반면에 총수로서의 신생아 숫자는 남한과 그리 차이가 나지 않는다. 더욱이 북한이 남한과 비교해 아이를 낳고 키우는 환경이 훨씬 더 열악한 조건의 사회인 점을 감안하면 북한의 신생아 숫자를 반드시 적다고만 단정하기는 어렵다. 게다가 북한 여성의 경제 활동 참가율은 남한 여성들의 그것보다 활발했으면 활발했지, 저조하지는 않을 듯싶다. 북한 남성의 군 복무 기간은 무려 십 년이다. 김정일 국방위원장 시절부터 유지되어 온 이른바 선군 정치 체제에서 군부가 경제의 중요한 축을 담당하고 있다고는 하나, 한 나라의 생산의 중핵은 역시나 민간 부문이다. 따라서 북한 경제는 북한 여성들이 전적으로 떠맡다시피 하고 있는 셈이다.
북한의 평균 지능은 세계 3위다. 국민들의 평균적인 지능지수가 북한을 앞선 나라는 과도한 사교육과 밤낮의 구분이 없는 컴퓨터 게임으로 '지능을 강제로 개발당해 온' 홍콩과 한국뿐인지라 사실상 북한 주민들이 지구상에서 가장 머리가 좋다고 해도 과언은 아닐 것이다. '직업이 애국인 사람들'이 설마 이런 부분까지 종북 발언이라고 물고 늘어지지는 않겠지.

세계 최대 산유국인 사우디아라비아의 석유 장관으로서 한때 지구촌의 소비자 물가를 들었다놨다하며 우리나라 서민들에게는 원수 같은 인물로 통했던 아흐메드 자키 야마니는 '석기시대는 돌이 없어서 끝난 것이 아니다'라는 유명한 명제를 남겼다. 마찬가지다. 대한민국이 만약에 망하게 된다면 인구가 줄어서 망하지는 않는다. 인력이 부족하고 인재가 모자라 나라가 망할까 봐 전전긍긍하는 것은 아이 낳는 것을 죽어라 싫어하는 남한만을 머릿속에 집어넣고 있기 때문이다.

진보 좌파 성향의 인물들이야 사회 구조의 영향 운운할지도 모르겠지만 심지어 천국에서조차 출산율은 낮을 것이 확실하다. 아이를 낳아 키우는 것은 비록 더럽지는 않을지언정, 위험하고 고된 일이 명백한 탓이다. 허나 인간이라는 동물이 다른 고등 생명체들과 결정적으로 차별화되는 지점은 힘들고 고통스러운 일을 의미 있고 필요할 경우 기꺼이 받아들인다는 데 있다.

한국의 고질적인 저출산을 근본적으로 해결할 단연 효과적이면서도 유일한 방법은 남북한의 통일이다. 남한은 박정희의 개발 독재가 출현한 이래로 반세기 넘도록 '무자식 상팔자'의 통념이 지역과 계층과 성별을 불문하고 거의 모든 국민들의 의식을 지배해 왔다. 정권의 성격이 진보이건 보수이건 상관없이 지난 정부들이 내놓은 저출산 대책이 실패한 근본적 원인은 '무자식 상팔자'라는 잘못되고 비뚤어진 문화적 인식과의 싸움은 아예 손을 놓은 채 오로지 경제적 인센티브의 관점에서만 저출산 문제에 접근한 데에 있다. 염장 지르는 얘기겠으나 호텔신라 이부진 사장 같은 금수저 물고 태어난 부자들에게마저 출산과 육아는 죽을 만큼 하기 싫은 일이다.

　내가 물질적 보상의 차원에서 출발하고 만들어지는 모든 저출산 대책은 단 한 개의 예외도 없이 중국적으로 실패할 수밖에 없다고 판단하는 이유다. 그런 만큼 해답은 '무자식 상팔자'라는 악마의 속삭임이 뼛속까지는 파고들지 않은 다수의 새롭고 건강한 대중이 나라의 미래를 책임지는 데 있고, 북한은 그러한 사람들의 비율이 상대적으로 높은 사회다. 그럼에도 북한과의 맹목적 대결에만 광적으로 집착한다면 이건 한민족이 자발적으로 인종 청소하자는 무지막지한 소리와 다름없다. 내가 통일의 반대말은 분단이 아니라 죽음이라고 확신하는 까닭이다.

안희정에 대한 짧은 생각

대통령 선거가 코앞에 다가왔다. 비유하자면 고등학교 3학년을 마칠 즈음에야 치러야 할 수능시험을 갑작스럽게 고 2때 보게 된 격이다. 수험생인 후보들도, 학부형이자 출제 위원인 국민들도 혼란스럽고 당황스럽기는 매한가지다. 국민은 박근혜 대통령 탄핵에 기뻐하다가도, 조기 대선에 더해 인수위원회 활동마저 없이 곧바로 번갯불에 콩 구워먹듯이 출범해야 하는 차기 정부를 생각하면 갑자기 머리가 아파 온다.

시절이 시절인지라 명성도, 실적도 보잘것없는 영세 정치 컨설턴트인 나한테조차 대선 주자로 이름이 오르내리는 인물들에 대한 질문이 종종 들어오곤 한다. 그 가운데에는 당연히 안희정 충청남도 지사에 관한 물음도 포함된다.

나는 안희정 충남지사를 잘 모른다. 그리고 길게 생각해야 할 필요가 있을 만큼 그가 비중과 중요성이 있는 한국 정치의 거물이라고 보지도 않는다. '짧은'이라는 중의적 의미가 담긴 형용사가 글의 제목에 들어간 까닭이다. 그래도 몇 마디는 보태야겠다. 안희정 지사가 '혁명'이라는 단어를 유달리 자주 사용하는 정치인인 이유에서다. 그는 심지어 『안희정의 함께, 혁명」이라는 제목의 책을 최근에 출간하기까지 했다.

'혁명'이라는 말처럼 오남용이 빈번한 단어도 없다. 이는 가짜 혁명은 넘쳐나지만 진짜 혁명은 드물다는 역설적 반증일지도 모른다. 그렇다면 진짜 혁명과 가짜 혁명을 어떻게 가려낼 수 있을까? 방법은 간단하다. 참다운 혁명가가 이끄는 혁명은 진짜 혁명이고, 사이비 혁명가가 주도하는 혁명은 가짜 혁명이다.

다음에는 참다운 혁명가와 사이비 혁명가를 어찌 구별하느냐는 의문이 제기될 법하다. 참다운 혁명가와 사이비 혁명가 모두 자기와 먼 곳에서의 불의에는 똑같이 공통적으로 분노한다. 그런데 불의가 본인 주변에서 저질러질 경우 옥석이 자연스럽게 구분되기 마련이다. 참다운 혁명가는 가까운 곳에서 벌어지는 불의에 대해서는 더더욱 불의를 참지 못한다. 반면에 사이비 혁명가는 돌연 딴전을 피우거나, 또는 신속히 모르쇠 태도를 취한다.

중국 대륙을 놓고 벌어진 모택동과 장개석 사이의 국공 내전의 승패는 바로 이 지점에서 갈렸다. 모택동도, 장개석도 혁명가로서의 삶을 살았다. 두 사람 전부 봉건주의와 제국주의로 대표되는 근대 중국 사회의 양대 모순과 싸웠다. 다만 중대한 차이점이 하나 있었다. 모택동이 가까운 곳의 불의와도 차별 없이 일관되게 싸운 것과 달리, 장개석은 주위에 불의에 한사코 눈을 감았다.

봉건주의 타도에 나선 모택동이 제일 먼저 들이받은 악덕 지주는 다름 아닌 자신의 아버지였다. 그는 소작농을 매질하는 부친에게 부자의 정을 끊을 각오로 결연히 거세게 대들었다. 이와는 달리 장개석은 광대한 대륙의 지배권을 잃고서 비좁은 대만으로 쫓겨난 이후에야 가족과 측근들의 비리를 비로소 엄하게 다루기 시작했다. 가짜 혁명가 장개석이 아니라 진짜 혁명가 모택동에게 수억의 중국 인민이 나라의 운명과 민족의 미래를 맡긴 것은 따라서 역사의 필연적 귀결이었다.

안희정 지사는 먼 곳에서의 불의에는 확실히 뜨겁게 분노하는 사람이다. 그는 미국의 제국주의에 분노했으며, 전두환의 군사 독재에 분노했으며, 한국 사회를 냉전의 틀에 계속 가두어 두려는 산업화 세대의 부패와 반칙에 분노했다. 허나 안희정은 가까운 곳에서의 불의에는 그가 그토록 비판하는 반기문 총장 못지않게 기름장어같이 요리조리 빠져 나가기 일쑤다. 다음 세 가지로 안희정의 기름장어 짓을 정리해 보겠다.

첫째로 안희정은 영남패권주의와의 싸움에 소극적이다. 그는 박근혜 대통령 탄핵을 영남패권의 붕괴 과정이라고 제대로 평가하기는 했다. 영남패권은 대구·경북의 패권주의와 부산·경남의 패권주의를 두 바퀴로 삼아 오랫동안 유지되어 왔다. 그는 대구·경북의 패권적 지역주의에서 비롯된 적폐는 매섭게 추궁할지언정, 부산·경남의 패권적 지역주의가 낳아 온 해악은 관대히 묵인하는 자세를 보인다. 안희정에게 티케이는 정치적으로 먼 곳이지만, 피케이는 그와 반대로 가까운 곳이기 때문이리라.

둘째로 안희정은 이른바 86세대의 강고한 기득권 체제를 건드리지 못한다. 그가 젊어서 투쟁한 냉전 세대는 이제는 한마디로 뒷방 신세다. 길거리에서 태극기 흔드는 것 말고는 더 이상 할 수 있는 일이 거의 없다. 2016년 12월 현재, 대한민국 최대의 수구 기득권 세력은 안희정과 마찬가지로 60년대에 태어나 80년대에 대학을 다녔던 86세대다. 지나가는 청년들을 붙잡고 한 번 물어보시라. 21세기의 대한민국 청년세대를 삼포세대로 만든 주범이 누구냐고 말이다. 응답자의 열 중 아홉은 우리나라 주요 분야와 조직에서 실질적 의사 결정권을 확고하게 틀어쥐고 있는 86세대들이라고 주저 없이 대답할 게다. 그런데 안희정은 나이 들어 힘 떨어지고 돈 떨어져 차가운 아스팔트 위로 내몰린 냉전 세대는 비난해도, 따끈하게 난방이 돌아가는 넓은 중역실과 감사실에 편안히 앉아서 결재권을 행사하고 있는 비슷한 또래의 86세대는 결코 질타하지 못한다. 86세대가 안희정과 너무나 가까운, 정확히는 그가 속한 집단이기 때문이다.

셋째로 안희정은 문재인과 친문 세력의 오만과 탐욕에 결과적으로 부역하고 있다. 박근혜 대통령 탄핵 사태를 거치며 분명히 확인된 사실이 있다. 국민을 이기는 권력은 없다는 점이다. 그러나 문재인 진 대표와 친문 세력은 박근혜 대통령과 친박 세력을 흉내 내 국민을 이기는 권력이 되려고 집요하게 시도하는 중이다. 그들은 말썽 많은 제왕적 대통령제의 근본적 원인이자, 국정 농단 세력이 발호하는 온상 역할을 충실히 해온 현행 6공화국 헌법에 가히 손도 대지 못하게 한다. 헌법을 고치자는 요구를 눈을 부라리며 막아 대는 친문 세력의 행태는 유신헌법을 비판만 해도 남산의 중앙정보부로 끌고 가 모진 고문을 가하던 박정희의 긴급조치 시대를 자동적으로 연상시킬 지경이다.

그럼에도 안희정 충남지사는 벌써부터 정권을 '득템' 한 것처럼 예비 내각까지 구성해 가며 권력과 자리를 나눠 먹는 데 열을 올리고 있는 문재인과 친문 세력을 향해 전연 쓴소리를 못 하고 있다. 문재인과 친문 세력이 안희정과 이런저런 개인적 관계로 얽힌 탓이다.

나는 혁명을 하겠다는, 혁명가가 되겠다는 안희정의 선의와 진정성을 믿고 싶다. 아니, 믿으려고 노력하는 편이다. 솔직히 같은 충청도 출신들끼리 통 크고 대범하게 좀 믿어 주면 안 되나?

허나 선의와 진정성을 믿어 준다고 해서 결과까지도 무턱대고 낙관적으로 전망하는 것은 아니다. 나는 혁명가를 자처하는 안희정이 인민과 함께해 성공한 모택동의 길보다는, 사적 인연에 집착하다가 초라하게 패망한 장개석의 전철을 밟을 것만 같다. 먼 불의에는 분노해도, 가까운 불의에는 인내하는 그의 여태 모습을 보건대 그렇다.

트럼프와 한국정치 5
문재인의 '공무원 하기 좋은 나라'

2016년 11월의 제45대 미합중국 대통령 선거가 끝난 직후에 쓴 글에서 나는 미국이라는 나라는 변화(*Change*), 정의(*Justice*), 위대함(*Greatness*)이라는 세 가지 열쇠 말로 국가의 정체성이 해명될 수 있다고 진단한 바기 있다. 미국의 정체성을 구성하는 세 가지 요소들에서 공화당의 도널드 트럼프 후보가 변화와 위대함을 차지한 데 비해서, 민주당의 힐러리 클린턴 후보는 어느 것 하나 자신의 것으로 변변히 만들지 못한 탓에 질 수 없는 것으로 보였던 선거에서 패배했다는 것이 나의 미합중국 대선 관전평이었다.

한때 우리 겨레를 가리켜 '은근과 끈기의 민족' 이라고 일컬은 적이 있다. 고조선시대의, 삼국시대의, 발해와 신라가 위아래로 병립하던 남북국시대의, 고려시대의 민족성이 어땠는지는 정확히 모르겠다. 그렇지만 조선 왕조가 들어서고 '우리식 성리학' 이 득세한 이래로 은근과 끈기가 평균적인 한국인의 성격을 대표할 수 있는 요소였음은 진실에 가깝다. 은근과 끈기는 역사가 증명하듯이 자주적인 근대 민족 국가를 건설하는 재료로 쓰이기에는 대단히 부적합한 자질들로 판명되었다. '조용한 아침의 나라' 는 은근과 끈기로 도달할 수 있는 국가 발전의 최대치였다.

그렇다면 현대 한국의 또는 한국인의 정체성을 정의할 수 있는 세 가지 단어는 무엇일까? 물론 휴전선 남쪽의 남한에 시야를 국한할 때의 일이다. 나는 한국전쟁의 포성이 멎은 다음의 한국과 한국인을 빚어 온 세 가지 단어는 발전, 평등, 정이라고 생각한다. 발전에 대한 염원과 평등을 향한 갈망과 오리온 초코파이 광고에 나오는 바로 그 정情이 한국의 현대사를 짓는 기초가 되고, 기둥이 되고, 들보가 되어 왔다. 따라서 당신이 조기 대선으로 치러질 것이 명백한 대한민국의 19대 대통령 선거에서 당선되어 우리나라를 이끄는 최고 지도자가 되길 바란다면 발전, 평등, 정이라는 한국 정치의 삼원색 중에서 최소한 두 가지 색깔은 본인의 자산으로 선점할 필요가 있다. 트럼프는 비록 허구적일지언정, 막말과 선동의 꼼수를 동원했을망정 미국 정치의 삼원색 가운데 두 개에 먼저 확실히 숟가락을 꽂은 덕분에 유권자들의 신임을 획득할 수 있었다.

산업화로 표현되는 압축적 경제 성장은 발전에 대한 염원이 낳은 산물이었다. 4.19학생혁명에서 광주민중항쟁을 거쳐 6월 시민항쟁을 지나 2016년의 국민혁명에 이르는 여정은 평등을 향한 갈구가 가져온 결과물이었다. 그리고 정이 있었다. 발전의 주역이든, 평등의 옹호자이든 대중의 인식에서 인간미가 모자라 보이는 인물들의 거의 대부분이 국민의 버림을 받거나 민심의 믿음을 잃었다.

친문 세력이 현재 여론조사에서 맹위를 떨치는 근본적 비결은 그들이 참여정부 최고존엄을 정이 많았던 전직 대통령으로 영리하게 포장한 데 있다. 참여정부 최고존엄이 실제로 정이 많은 인물이었는지, 아니면 매정한 사람이었는지는 중요하지가 않다. 어차피 정치 투쟁의 본질은 대중의 인식을 놓고 벌어지는 싸움이기 때문이다. 대중의 인식은 분명 형태 없는 재화다. 그러나 그 무형의 가치재를 효과적으로 장악하면 돈과 자리와 이런저런 이권 같은 여러 가지 다양한 종류의 가시적 재화들을 머잖아 자연스럽게 수중에 넣을 수가 있다. 단적으로 히틀러는 독일 대중의 인식을 지배한 연유로 잠시나마 유럽 대륙을 지배할 수가 있었다. 허나 정이 없어 보이면 집권에 성공할 수 없듯이, 정이 있어 보이는 것만으로는 집권의 꿈을 이룰 수도 없다. 국민들이 가진 발전 욕구와 평등 심리를 어느 정도는 충족시켜 줘야만 대통령 선거에서 승리할 수가 있다.

그런 측면에서 봤을 때 문재인 더불어민주당 전 대표가 대선 정국에서 상당히 유리한 고지를 점유하고 있는 것만은 객관적 사실이다. 그는 정이 많아 보이는 참여정부 최고존엄의 잔상을 자신의 후광으로 십분 활용하는 한편으로, 평등을 추구한다는 인상을 주는 주류 진보 진영의 등에 찰싹 달라붙어 있기 때문이다.

강점과 약점은 동전의 양면 관계다. 약점이 되어 버린 강점은 원수로 돌변한 동지만큼이나 무섭고 위험하기 짝이 없다. 문재인이 집권할 경우 박근혜 정권 때와 마찬가지로 대한민국은 특별한 발전의 계기와 동력을 마련하지 못하고서 나라 전체가 바람 빠진 풍선처럼 더욱더 침체와 무기력의 수렁에 빠져들리라는 우울한 전망에는 이른바 극렬 문빠들을 제외한 대다수 사람들이 흔쾌히 동의하고 있다. 대신에 이명박·박근혜 정권 시절과는 달리 세상이 조금은 평등해지지 않겠느냐는 낙관적 예상은 시중에 팽배해 있다. 다름 아닌 이 지점이야말로 약점으로 뒤바뀔 채비를 늘 하고 있는 문재인의 '치명적 강점'이다. 직설적으로 말해서 문재인과 친문 세력이 정권을 잡으면 가뜩이나 심각한 한국의 사회경제적 불평등 구조와 현상은 더욱더 심화될 가능성이 매우 큰 까닭에서다.

작금의 정세는 새누리당이 분당에 이를 지경으로 있으나마나한 존재가

된 상태다. 새누리당이 남긴 권력의 공백을 잽싸게 메운 더불어민주당이 정국을 주도하고 있다. 문재인의 더불어민주당이 실질적으로 국정을 이끌게 되면서 제일 먼저 생겨 난 일이 공무원 봉급이 3.5퍼센트나 인상된 사건이다. 월급이야 겨우(?) 3.5퍼센트밖에 오르지 않았지만, 각종 수당과 별의별 보조금 명목으로 공무원들에게 또 얼마나 듬뿍 국민들의 혈세를 통 크고 인심 좋게 퍼 줄지는 동네 주민센터 앞에만 가도 가슴이 긴장감으로 벌렁거리는 우리 같은 힘없고 평범한 서민들로서는 도무지 알 수 없는 노릇이다.

조류 인플루엔자(AI)로 말미암아 마트에서 판매하는 계란 한 판의 가격이 무려 1만 원이 됐다. 그 여파로 수많은 양계 농가와 영세 치킨집들이 도산하고, 제과점에서는 카스테라 빵이 자취를 감췄으며, 엄마들이 아이들에게 달걀 프라이 하나 해 주기가 버거워졌다. 이 총체적 민생 파탄의 와중에서마저 공무원 봉급만은 정치권의 아무런 반대 목소리 없이 득달같이 올라갔다. 공무원 같은 신의 직장에 다니는 사람들을 핵심적 지지 기반으로 삼고 있는 문재인과 더불어민주당이 정권을 쥔 것과 비슷한 분위기에서 찾아온 첫 번째 불청객, 아니 불평등이다. 문재인 정권과 더불어 국민들을 찾아올 불평등이라는 이름의 불청객의 방문은 이제 비로소 시작일 뿐이다. 억대의 학비가 드는 로스쿨 도입을 고집스럽게 강행하는 모습을 참여정부 말기에 목격하고서 나야 이미 충분히 짐작한 터이지만….

문제는 한 달에 2백만 원도 못 버는 사람들이 국민들의 절반이고, 설령 2백만 원을 넘게 벌더라도 다음 달에도 그만큼의 소득을 올릴 수 있을지 지극히 불투명한 사회에서 공무원 평균 연봉 육천만 원 시대가 문재인의 집권과 함께 성큼 다가왔다는 점이다. 우리는 이명박과 박근혜의 '기업만 하기 좋은 나라'에서 '국민 하기도 좋은 나라'로 나아가지 못한 채, 문재인의 '공무원만 하기 좋은 나라' 로 급변침하기 일보 직전에 와 있고, 급변침의 후과로 대한민국은 수심을 모를 깊고 어두운 바닷물 속으로 영원히 침몰할 게 뻔하다.

못된 문재인, 못난 안철수

2017년 새해가 밝았다. 새해는 어떤 사람들에게는 변화의 계기와 동력을 제공한다. 비록 작심삼일에 그칠지언정 예전의 나와는 분명 다른 사람이 되겠다는 각오를 다지며 분발하게 된다.

반면에 어떤 사람들에게는 기존의 잘못된 관행과 타성이 해가 바뀌면서 더욱더 단단해질 따름이다. 박근혜 대통령이 전형적 사례다. 그는 조용히 자숙해도 국민들의 이해와 용서를 구할 수 있을지 불투명한 판국에 본인이 탄핵을 당했다는 사실은 아랑곳하지 않은 채 거창한 기자 간담회까지 자청해 가며 되레 억울함을 호소하는 적반하장의 작태를 연출했다.

변하지 않기는 문재인 더불어민주당 전 대표 또한 박근혜 대통령과 난형난제. 작년 봄에 치러진 총선 당시에 더불어민주당은 호남 지역에서 굴욕적인 대참패를 당했다. 호남 민심은 문재인 전 대표를 정치적으로 탄핵했다. 그럼에도 문재인은 호남이 자기에 대한 지지를 거두면 정계를 은퇴하겠다는 약속을 전략적 발언이었다는 투로 태연하게 뒤집었다. 그러고서는 전남과 전북을 느닷없이 갈라치기하는 엽기적이고 해괴한 정치 공학을 선보이고 있다. 문재인의 사전에도 박근혜의 수첩에서처럼 '변화'라는 단어는 원초적으로 아예 존재조차 하지 않는 셈이다.

국민이 정권 교체를 간절히 염원하는 이유는 정권 교체는 낡고 썩은 국가 체제와 사회 구조를 전면적으로 신속히 변화시킬 수 있는 가장 확실한 수단인 데 있다. 국가와 사회의 변혁을 가져오지 못하는 정권 교체가 무늬만 정권 교체인 연유다. 무늬만의 정권 교체도 정권 교체라면 일제 강점기에 조선총독부의 총독이 교체되는 일도 일종의 독립이라고 할 수 있을 것이다. 현재 그러한 무늬만의 정권 교체가 어쩌면 나타날지도 모르는 형국이다. 더불어민주당의 성당 지지율이 기형적으로 높은 상황인 데다, 문재인 전 대표가 제1야당인 더불어민주당의 대선 후보로 선출될 가능성이 현실적으로 아주 커다란 탓이다.

　혹자는 문재인만 꼭 더불어민주당의 대선 후보가 되라는 법이 어디 있느냐고 반문할지도 모른다. 그렇지만 친문 세력이 당내 경선을 치르는 광경을 한 번이라도 주의 깊게 지켜본 사람이라면 문재인이 후보가 될 것을 믿어 의심치 않을 게다. 경선이 한창 진행되는 와중에 전당대회에서 투표권을 행사하는 대의원들을 마치 호프집에서 골뱅이무침에 사리 추가하듯이 추가해 이미 확정된 선거인단과 마구 뒤섞어 버린 당사자가 다름 아닌 친문 세력이기 때문이다. 골뱅이무침에 사리 추가되듯이 중간에 갑작스럽게 보태진 대의원들이 친문 성향의 인사들이었음은 당연하다. 변화에 대한 친문 세력의 저항과 역주행은 그만큼 거세고 집요하면서도 뿌리 깊다는 뜻이다.

　정권이 교체되었는데도 세상이 바뀌지 않는다면 남은 길은 단 한 가지뿐이다. 혁명이다. 문제는 문재인 정권이 평화로운 촛불 혁명에 무임승차해 탄생한 정권이 될 수 있다는 점이다. 그러면 다음에는 어떠한 사태가 벌어질까? 평화 혁명으로는 세상이 바뀌지 않음을 뼈저리게 실감한 일반 민중들은 유혈사태가 동반되는 폭력 혁명에 나설지도 모를 노릇이다. 평화적인 재스민 혁명이 유혈이 낭자한 내전으로 변질되어 버린 '아랍의 봄'이 결코 강 건너 남의 일만이 아닐 수가 있는 것이다.

정권이 교체되지 않으면 나라와 국민이 크게 불행해진다. 하지만 정권이 교체됐는데도 세상이 전혀 바뀌지 않으면 나라와 국민은 더 크게 불행해진다. 따라서 우리는 낡고 썩은 종전의 국가 체제와 사회 구조가 그대로 유지되는 무늬만 정권 교체를 과감히 뛰어넘어서, 세상을 바꾸고 시대를 바꾸는 진짜 정권 교체를 목표해야만 한다.

그런 측면에서 봤을 때 안철수 국민의당 전 상임공동대표의 요즘 행보는 아쉬움을 넘어 개탄스럽기 짝이 없다. 안철수는 자신이 미는 후보가 원내대표 선거에서 패배한 이후 자택에 줄곧 칩거하며 두문불출하고 있다. 그는 당의 단배식은 물론이고 유력 대선 주자라면 반드시 행하기 마련인 국립묘지 참배마저 하지 않았다.

아니, 그건 괜찮다 치자. 그를 두 번이나 압도적 표 차이로 국회의원에 당선시켜 준 상계동의 지역구 유권자들만이라도 새해를 맞아 직접 얼굴을 맞대고 만나 새해 덕담은 나눠야 할 것 아닌가?

상당수 국민들에게 문재인은 못된 사람으로 낙인찍혔다. 그의 지지율이 이른바 박스권 안에서 옴짝달싹하지 못하고 갇힌 원인이다. 그런데 자기 집에 틀어박혀 젊은 누리꾼들이 즐겨 쓰는 표현을 빌리면 이불킥을 하고 있을 안철수의 모습은 대중의 시선에 너무나 못나 보인다. 국민은 못된 사람과 못난 사람 중에서 지도자를 고르라면 최악인 못난 사람보다는, 차악인 못된 사람을 선택한다. 안철수가 문재인을 상대로 오랫동안 죽을 쑤어 온 배경이다.

독일의 사회학자 막스 베버(1864~1920)는 열정, 균형 감각, 책임 윤리를 정치인이 반드시 갖춰야 할 3대 자질로 열거했다. 나는 21세기 대한민국 대통령이 지녀야 마땅할 세 가지 덕목으로 사명감, 책임감, 그리고 위기의식을 꼽고 싶다. 안철수는 세상을 바꾸는 진짜 정권 교체를 실현하겠다는 사명감이 있어야 한다. 그를 믿고 따라온 당원과 동지들과 마지막까지 함께하겠다는 책임감이 있어야 한다. 진짜 정권 교체를 이루지 못하고, 당원과 동지들과 마지막까지 함께하지 못하면 내 정치 생명은 당장 끝장이라는 위기의식 역시 가져야 한다.

박근혜의 친박 세력은 '재벌 하기만 좋은 나라'를 만들려다가 쫄딱 망하고 말았다. 문재인과 친문 세력은 '공무원 하기만 좋은 나라'를 만들려고 획책중이다. 그들이 당장은 아무리 기세등등해도 결국 쪽박을 찰 수밖에 없는 까닭이다. 안철수가 해야 할 일은 재벌들만 위하는 친박과, 공무원들 편만 들어주는 친문을 향해 거침없이 하이킥을 날리는 것이다.

지도자는 공적인 문제로 분노하는 인간이다. 사적인 일로 삐치는 인물이 아니다. 허나 안철수는 이 중차대한 시점에 토라진 중학교 2학년생처럼 상계동 자기 집에서 뜬금없이 격렬한 이불킥을 해대고 있다. 안철수가 덮고 누워 있을 두꺼운 이불을 확 걷어 내고 그를 정신 차리게 만들 지혜로운 현인은 과연 누구일까?

손학규의 한

　　　　　　　　　　'검은머리 짐승은 거두지 말라' 는 우리네 속담이 있다. 은혜를 원수로 갚는 배은망덕한 자들을 주의하라는 경고의 뜻이 담긴 의미심장한 얘기다. 손학규 전 민주당 대표는 어제오늘 동안 이 말을 곰곰이 되새기며 혼자 씁쓸한 표정을 짓고 있을지도 모른다.

　안희정 충남지사가 손학규 전 대표를 겨냥해 느닷없이 생뚱맞게 정계 은퇴를 요구한 사건이 검은머리 짐승을 별 조심성 없이 거둔 자업자득의 후과일 가능성이 대단히 큰 탓이다. 안희정은 단지 정계 은퇴를 촉구하는 수준에서만 머물지 않았다. 그는 왜 일 년마다 동지가 바뀌느냐는 독설을 퍼부으며 손학규를 몰아붙였다. 앞의 요구가 손학규의 정계 복귀에 대한 불만이라면, 뒤의 막말은 손 전 대표의 더불어민주당 탈당을 향한 원망의 표출인 셈이다.

　나도 손학규의 정계 복귀가 솔직히 탐탁하지 않다. 손 전 대표의 더불어민주당 탈당이 바람직스럽지 않다고 생각하기는 안 전 지사와 똑같은 시각이다. 그러고 보니 충남 출신이라는 부분 말고도 나와 안희정 사이에는 공통점이 의외로 많다. 이거 기뻐해야 해? 아니면 창피해 해야 해?

벌이 물을 마시면 꿀이 되고, 뱀이 물을 먹으면 독이 된다고 했다. 동일한 의견도 누가 개진하느냐에 따라 때로는 정당한 지적이 되기도 하고, 때로는 악의적 음해가 되기도 한다. 문제는 안희정의 손학규 비판이 후자에 더욱 가깝다는 데 있다.

안 지사에게 단적으로 묻는다. 손학규가 매해 동지가 바뀐다면 안희정이 그 구성원인 친문 세력은 왜 선거 때마다 숙주가 바뀌는가? 당장 몇 가지 예만 들어 보자.

2012년 대선에서 문재인은 안철수의 지지층에 속된 말로 빨대를 꽂은 후에야 박근혜와 가까스로 박빙의 싸움을 벌일 수 있었다. 2014년 지방선거에서는 안철수가 안희정의 선거운동을 마치 자기 일같이 정말 열심히 해주었다. 게다가 서울시 여러 곳에서 구청장과 지방의원에 당선된 친문 성향의 후보자들은 박원순 서울시장의 치적과 이름값 밑에 숨어 편안하게 표를 얻었다.

작년은 또 어땠나? 2016년 봄에 치러진 20대 총선에서는 김종인 비상대책위원회 대표의 맹활약 덕택에 원내 1당으로 약진할 수 있었다. 최경환의 진박 감별 소동과, 김무성의 '옥새 들고 나르샤'의 추태가 번갈아 연출된 새누리당의 지리멸렬 역시 친문 세력에게 어부지리를 제공했다. 이러한 일련의 사태들이 적나라하게 증명하듯이 스스로의 힘으로는 생존이 불가능한 무리가, 영양가 많은 숙주에 기생해서야 정치 생명의 연장에 필요한 자양분을 섭취할 수 있는 집단이 다름 아닌 친문 세력인 것이다.

동지가 바뀌면 적이 된다. 그러나 기생체가 거쳐 간 숙주는 빈 껍질만 남는다. 한마디로 산송장이 되는 것이다. 현재 안철수도, 박원순도, 김종인도 정치적으로 빈사 상태에 처해 있다. 밤의 문화에서 주로 쓰는 섹시한 표현을 빌리자면 친문 세력에게 양기를 다 빼앗겼기 때문이다. 진이 다 빠질 대로 빠진 세 사람 모두 친문 세력에게 사실상 용도폐기를 당했음은 물어보나마나일 테고. 이 모든 비극이 검은머리 짐승은 함부로 거두지 말라는 조상들의 지혜를 어리석게 무시한 데서 비롯되었다.

오늘날 대한민국에 살아 있는 사람들 가운데 손학규만큼 친문 세력을 위해 아낌없이 주는 나무 역할을 마다해 오지 않은 인물도 드물 것이다. 지금으로부터 정확히 5년 전인 2012년 초, 당시 민주당 대표로 있던 손학규는 당내의 거센 반발을 물리치고 혁신과통합과의 일대일 통합을 밀어붙였다. 민주당은 100석 가까운 의석을 가진 명실상부한 공당이었지만, 혁신과통합은 실체 없는 일종의 임의 단체에 불과할 뿐이었다. 문재인에게 정계 진출의 꽃길을 깔아 준 주인공이 바로 손학규였다.

손학규의 친문 퍼주기는 이뿐만이 아니었다. 그는 편파와 불공정 시비가 일었던 2012년의 대선 후보 경선에서 문재인에게 패배한 다음 결과에 깨끗이 승복했다. 그리고 12월에 치러진 대통령 선거에서 TV 찬조 연사로 출연해 문재인의 당선을 위해 감동적인 지지 연설을 했다. 손학규의 지지 연설은 NLL(북방한계선) 시비에 발목이 잡혀 휘청거리던 문재인에게 큰 힘이 되어 주었다. 2011년 4월에 치러진 분당을 보궐 선거에서 손학규가 승리한 덕분으로 말미암아 민주당의 중도층 유권자 공략에 탄력과 가속도가 붙었음은 굳이 자세히 언급할 필요가 없을 듯하다.

그럼에도 안희정은 손학규에게 결초보은은커녕 적반하장 격으로 되레 정계 은퇴를 요구하면서 무차별적 인신 공격을 서슴지 않고 있다. 손학규의 숙주로서의 가치와 시효가 다했다고 영악하게 계산한 이유 말고 더 무엇이 있겠는가.

2012년 초에 나는 손학규가 혁신과통합에 민주당 문을 따주는 조치를 강행하자 이를 맹렬히 질타했다. 신의 없는 자들에게 베푸는 호의는 오히려 불의만 더 키워 준다는 사실을 알았기 때문이다. 손학규가 어깨에 멘 꽃가마를 타고서 민주당의 주인이 된 문재인은 예상대로 19대 대선에서 완패했다. 박근혜의 헌법 유린과 최순실의 국정 농단이 벌어질 넓고 화려한 무대는 이때 마련되었다.

손학규의 가장 큰 잘못은 정계은퇴 선언 번복도, 더불어민주당 탈당도 아니다. 그의 치명적 과오는 사람 보는 눈이 없다는 거다. 그는 최소한의 고민조자 생략한 재 신의 없는 섬은머리 짐승을 경솔하세 거둠으로써 은혜가 원수로 돌아오는 혼탁한 배신의 세상을 만드는 데 본의 아니게 일조하고 말았다.

당장 빠르고 확실하게 성공하고 출세하는 방법은 은혜를 원수로 갚는 길임이 분명하다. 친문 세력이 단시간 안에 정국을 평정할 수 있었던 비결이다. 허나 몇몇 사람을 잠시 속일 수는 있어도, 모든 사람을 영원히 속일 수는 없는 법이다. 나는 친문 세력의 배은망덕한 민낯이 언젠가는 꼭 백일하에 드러나리라고 믿는다, 박근혜의 한심하고 무능한 실체가 결국에는 까발려지고, 거짓과 곡필과 궤변 위에서 세워진 박정희 신화가 마침내 무너진 것처럼….

더불어민주당은 동토의 왕국인가,
동물의 왕국인가

'역사는 되풀이된다. 한 번은 비극으로, 한 번은 희극으로⋯.' 칼 마르크스가 남긴 이 테제처럼 정치에 관련된 이 런저런 글들에서 수시로 인용되는 경구도 드물 듯싶다. 마르크스는 나폴 레옹 3세가 그의 삼촌인, 또는 삼촌이라고 주장된 나폴레옹 1세의 유지를 계승한다는 핑계로 쿠데타를 일으켜 프랑스에 또다시 전제적 제정체제를 도입한 일을 이렇게 신랄히 비꼬았다. 나폴레옹 1세는 우리가 상식으로 알고 있는 저 유명한 오리지널 나폴레옹(1769~1821)을 가리킨다.

박근혜 정권이 최순실 일당이 저지른 국정 농단 사건과 대통령 자신이 주도한 헌법 유린 사태로 속절없이 무너지는 광경을 두고서 다수의 정치 학자와 지식인들과 칼럼니스트들이 마르크스의 테제를 꺼내 들었다. 아 버지 박정희가 비극적으로 몰락했다면, 딸 박근혜는 희극적으로 자멸했 다는 것이 논리의 요지였다.

그런데 나는 박근혜 정권에 못잖게 더불어민주당 또한 마르크스의 명제 의 효능과 적실성을 다시금 입증하려고 열심히 노력하고 있다는 인상을 받았다. 더욱이 박근혜와 문재인 듀오는 유훈 통치를 전자는 비극적으로,

후자는 희극적으로 이용해 집권에 성공했거나 집권을 노린다는 부분에서 비극적 찬탈자 삼촌 나폴레옹과 희극적 찬탈자 조카 나폴레옹 사이의 관계와 흡사한 면이 있다.

　김부겸 의원을 비롯한 더불어민주당 소속 비주류 정치인을 여럿이 지능형 정치 테러라고 불러야 어울릴 문자 테러와 후원금 테러를 번갈아 혹은 동시에 당했다. 후원금 테러는 상스러운 욕설을 연상시키는 단돈 18원 만을 후원금으로 입금시킨 다음 일부러 반환을 요청함으로써 자기들이 반대하거나 싫어하는 정치인의 사무실 기능이 마비되도록 고의적으로 유도하는 고도의 신종 업무 방해 행위를 일컫는다. 김부겸 등이 봉변을 당한 이유는 단 한 가지다. 친문 세력의 패권을 비판했다는 거다, 명색이 당의 공조직인 민주정책연구원이 문재인 전 대표의 무난한 경선 승리를 위해 헌법 개혁을 훼방 놓으려는 의도가 담긴 문건을 작성한 일에 문제 제기를 했다는 거다. 그들은 문재인과 편과 결이 다르다는 이유만으로 문자 폭탄이 난무하고, 후원금 폭탄이 연쇄 폭발하는 폭탄 없는 폭탄 테러의 무고한 희생자가 되고 만 셈이다.

　문자 테러 사건과 18원 후원금 사건을 접하고 1987년 개헌 정국에서 세간을 시끄럽게 만들었던 세칭 용팔이 사건이 자연스레 떠오른 건 너무도 당연했다. 당시 장세동이 조직의 수장으로 있던 국가안전기획부는 용팔이로 알려진 김 아무개 수하의 폭력배들을 사주해 통일민주당 창당 작업을 저지하고, 국민들의 개헌 요구를 압살하려고 시도했다. 전두환 정권은 정치적 반대자들의 입을 막기 위해 반문명적이고 반민주적인 정치 테러를 서슴지 않고 자행했었다.

　시간이 1987에서 2017년으로 바뀌고, 각목이 문자 메시지로 진화했으며, 가해자가 안기부에서 친문 세력으로 변했을 뿐, 정치적 반대자들의 입을 힘으로 틀어막으려는 야만적 발상과 파쇼적 행태에는 예나 지금이나 전혀 변함이 없다. 게다가 안기부와 친문 세력 모두 전면적 국가 대개혁의 첫 단추인 개헌을 수단 방법을 가리지 않고 가로막으려는 시대착오적 호헌 세력이라는 공통분모를 갖는다.

민주주의는 반대를 포용하고 반대자의 존재를 용인하는 제도다. 공화국은 다른 사람의 의견과 생각을 국가 운영과 정책 결정에 적극적으로 반영하는 시스템이다. 친문 세력과 반대편에 섰다고, 문재인과 개헌에 관한 견해를 달리한다고 남들에게 침묵과 굴종을 강요하는 행동은 자기 스스로를 민주주의의 파괴자이자 공화국의 적으로 선포하는 짓과 똑같다.

<동물의 왕국>이라는 자연 다큐멘터리 프로그램을 보면 강자가 약자를 사정없이 해치고 물어뜯는다. 양육강식의 원리만이 통용되는 세상이 다름 아닌 동물의 왕국인 까닭이다. 세계가 북한을 '동토의 왕국'이라고 야유하는 건 권력에 대한 견제와 균형이 있어야 마땅할 자리에 부자 세습에 대한 찬양과 미화만이 가득한 탓이다. 이견을 불온시하고, 반대파를 이단자로 규정해 잔인하게 박해하고 탄압하는 곳이야말로 전형적인 동토의 왕국이다. 더불어민주당은 주류인 친문 세력과 비주류인 비문들이 포식자와 먹잇감의 관계 구조 아래 있다는 점에서 동토의 왕국이라고도 부를 수 있다. 김부겸 등 몇몇 비주류 국회의원들이 문자 테러에 짓밟히고 후원금 테러로 짓이겨진 일은 양육강식의 법칙이 최소한의 제동 장치도 없이 마구 폭주한 결과다.

더불어민주당은 문재인과 다른 의견을 표명하는 즉시 시쳇말로 묵사발이 된다는 점에서 동토의 왕국이기도 하다. 당내에서 양지 바른 곳은 오로지 문재인과 친문 세력의 차지일 뿐, 정견과 노선이 다른 모든 인물과 집

단은 영원히 시베리아를 벗어나지 못할 처지다.

그러나 나는 더불어민주당이 동물의 왕국이 되건, 동토의 왕국이 되건 별 관심이 없다. 솔직히 큰 걱정도 되지 않는다. 우리나라 국민들은 새누리당을 동물의 왕국으로 개조하고 대한민국을 동토의 왕국으로 진력시키려고 집요하게 획책해 온 박근혜 대통령과 친박 세력을 준엄하게 응징하고 심판하는 실력을 이미 유감없이 보여 주었기 때문이다. 2016년 가을에 발휘했던 국민의 실력을 마치 정권 다 잡은 것처럼 온갖 오만과 추태를 부리고 있는 야당판 박근혜와 친박 세력을 향해 2017년 봄에도 또다시 제대로 보여 주자.

박원순과 강남좌파

'말 위에서 천하를 얻을 수는 있어도, 말 위에서 천하를 다스릴 수는 없다.'

초나라 태생의 유세객 육고가 항우와의 전쟁에서 승리하고 한나라를 건국시킨 한고조 유방에게 진언한 말이다. 수성이 창업보다 어렵다는 경고의 뜻이 담긴 얘기였다. 물론 경우에 따라서는 말 위에서 천하를 얻는 대신에 천하를 시끄럽게 만들 수도 있다. 국정 농단의 주인공인 최순실 씨의 딸로서 이화여대 부정 입학으로 커다란 사회적 물의를 일으킨 정유라와, 김승연 한화그룹 회장의 삼남으로 술집에서 취중 난동을 벌여 '역시나 피는 못 속인다'는 사실을 새삼스럽게 환기시켜 준 김동선이 대표적 사례다. 두 사람 모두 말 위에서 기량을 겨루는 국가 대표 승마 선수 출신이다.

박원순 서울시장이 바야흐로 말에서 내리려고 한다. 그는 아직 천하를, 즉 정권을 얻지 못했다. 그럼에도 왜 박원순은 그가 타고 있는 강남좌파라는 말에서 대선 정국이 채 본격적으로 시작되지도 않은 국면에 굳이 내리려고 하는 것일까? 박 시장의 의중은 그가 1월 10일 국회 정론관에서 진행한 기자 회견 내용에 담겨 있다. 그는 "차기 정부는 참여정부 시즌 2가 아닌 촛불 공동 정부여야 한다"고 선언했다. 대한민국에서 박원순을 격렬히 비판한 인사들을 빅데이터 기법을 이용해 조사해 본다면 나는 다섯 손가락은 힘들어도 아마 열 손가락 안에는 들어갈지도 모른다. 내가 비유하자면 '스타벅스 카페에서 고급 원두커피를 여유 있게 홀짝이며 『체 게바라 평전』을 읽는 위선적인 강남좌파'의 대명사로 박원순을 지목해 온 탓이다.

참여정부가 실패한 결정적 원인은 좌측 깜빡이 켜고 우측으로 운선대를 꺾는 겉 다르고 속 다른 양두구육의 반서민적인 국정 운영 기조에 있었다. 문제는 참여정부의 그와 같은 몰염치한 행태가 강남좌파들이 발호하고 증식할 수 있는 최적의 토양을 제공해 주었다는 점이다. 강남좌파의 내로라 하는 구성원들이 한국 사회의 돈과 권력에 뒤이어 드디어 명예와 인지도 마저도 싹쓸이하게 된 저간의 배경이다. 강남좌파들의 등에 업혀 서울시청에 입성한 박원순이 나처럼 서울 강북 변두리의 외지고 가난한 서민층 주거 지역에서 유년기와 청소년기를 전부 보낸 인간의 눈에 곱게 비쳤을 리 만무하다.

정권의 본질은 정권이 출범한 초기가 아니라 정권에 끝날 무렵에 통치 권자가 누구와 어울려, 누구를 위한 정책을 펴느냐에 달려 있다. 참여정부는 호남과 함께하겠다며, 서민을 위하겠다며 닻을 올렸다. 하지만 임기가 종료될 즈음에는 영남 출신들이 검찰과 국정원 등의 정권 요직을 독차지했으며, 삼성그룹 비자금 사건의 유야무야와 한미 자유무역협정(FTA)의 강행이 증명하듯이 재벌과 기득권층에게만 유리한 정책을 집행하는 데 열을 올렸다. 내가 2002년 당시 참여정부 최고존엄의 열렬한 지지자였다가, 정권 후반기에는 그의 혹독한 비판자가 된 이유다.

민선 서울시장이 이끄는 서울시의 성격도 비슷한 기준으로 감별해야 옳다. 그러나 참여정부와 박원순의 서울시는 진행 방향도, 도달 지점도 정반대로 나타난다. 박원순은 강남좌파들에 둘러싸여 서울시장에 취임했다. 그는 야당 당적의 역대 민선 서울시장들 가운데 강남권에서 가장 많은 표를 받은 인물이었다. 현재 박원순은 강남좌파들과는 상당히 소원한 관계에 놓여 있다. 그는 강북의 낙후와 소외를 극복하는 작업에 주안점을 두고서 시정을 진두지휘해 왔다. 단적인 사례로 작년 추석에 잠실역 근처의 어느 중산층 아파트 단지를 지나다 보니 '재개발 방해하는 박원순 물러가라!'는 문구의 현수막이 아파트 외벽에 큼지막하게 걸려 있었다. 나는 '박원순은 시장직에서 절대 물러나면 안 된다!'고 속으로 그를 응원했다.

그렇다. 참여정부 최고존엄이 자신의 정체성도, 핵심적 지지 기반도 강북 서민에서 강남좌파로 옮겨갔다면 박원순은 철두철미한 강남좌파에서 출발해 강북 서민의 이해와 요구를 대변하는 정치인으로 스스로를 차츰차츰 진화시켜 왔다. '보수도 강남, 진보도 강남'이 정치권을 위시해 관계, 재계, 학계, 법조계, 언론계, 문화계, 심지어 연예계에서까지 지배적 사회 풍토인 오늘날, 박원순의 이러한 역주행 아닌 역주행은 과거 참여정부 최고존엄의 부산 출마보다도 어쩌면 몇 배는 더 위험하고 무모한 도전과 모험일지도 모른다.

나는 정치의 개념을 '국민과 함께하는 위대한 도전과 모험'이라고 오래전부터 정의해 왔다. 야당으로의 정권 교체가 기정사실화된 현재, 거의 모든 더불어민주당 대선 주자들은 국민과 함께하는 위대한 도전과 모험을 철저히 외면하고 있다. 그들은 강남좌파와 함께하는 무원칙한 선거 연대와 정치 공학적 대세몰이에만 골몰한다. 이 와중에 터져 나온 사건이 더불어민주당의 소위 싱크탱크인 민주정책연구원의 개헌 저지 문건 작성 파동이고, 극렬 문재인 지지자들이 자행한 반대파 정치인들에 대한 문자 테러와 후원금 테러 사태다. 전두환 5공 시대의 용팔이를 연상시키는 반민주적인 폭력적 정치 테러와, 한나라당 총재 시절의 이회창의 주특기였던 소속 의원 줄 세우기는 국민과 함께하는 위대한 도전과 모험이 흔적조차 없이 사라진 패권주의적 정당에서 필연적으로 나타날 수밖에 없는 목불인견의 볼썽사나운 병리학적 현상들이다.

21세기의 대한민국에서 강남좌파라는 완장은 최고 최강의 무소불위한 기득권이다. 주장은 해도 책임은 절대로 지지 않는 안전하고 편리한 위치가 바로 강남좌파다. 선출되지도, 책임지지도, 교체되지도 않는 이른바 원로 권력을 마음껏 만끽할 수 있는 자리가 다름 아닌 강남좌파다. 이 물 좋은 기득권을 박원순은 자발적으로 포기했다. 그가 참여정부 시즌 2는 안 된다고 일갈한 일은 강남좌파들이 다시는 정권의 주도권을 쥐어서는 안 된다는 엄중하면서도 불퇴전의 선전포고다. 강북의 평범한 서민 대중을 위한 혁명적인 개혁 정권을 수립하자는 진정으로 대담하고 급진적인 제안이다.

박근혜의 헌법 유린과 최순실의 국정 농단이 어째서 결코 용서받을 수 없는 사악한 죄악이겠나? 박근혜 · 최순실 콤비가 만들려던 나라는 '아버지 판사하시고, 어머니 성악하시는' 부유한 특권층 자제들을 위한 나라인 까닭에서였다. '아버지 주방에서 닭 튀기시고, 어머니 홀에서 서빙하시는' 우리네 보통 사람들의 아들딸들을 위한 정치를 역사적인 박근혜 탄핵은 더 이상 미룰 수도 없고, 미뤄서도 안 됨을 생생하게 보여 주었다. 박원순 서울시장이 강북의 서민 대중을 위한 나라와 세상을 만들겠다고 결연히 다짐함으로써 서울 강북에 정치적 근거지를 가진 유력한 차기 대통령 후보자는 이제 하나에서 둘로 늘어났다. 다른 한 명은 국민의당 안철수 의원이다.

대선 주자의 숫자가 적다고 기가 죽을 필요는 없다. 성공하는 정권은 부자의 편이 아닌 서민의 편에, 지식인의 편이 아닌 일반 대중의 편에 서는 정권이기 때문이다. 강남좌파와 결별함으로써, 강남좌파 철밥통을 자기 손으로 깨부순 결과로 박원순은 단기적으로 심각한 고전에 직면할 것이다. 허나 특권적 강남좌파와 더불어 사는 길은 잠시 살고자 확실히 죽는 길일 뿐이다. 반면에 강북의 서민 대중과 함께하는 길은 지금 당장은 죽는 것같이 보여도 영원히 사는 길이다. 강북 서민의 한 사람으로서 박원순의 건투를 빈다.

성지순례의 정치 :
뉴욕과 상하이 vs 메카와 예루살렘

거짓을 귀에 달콤하게 들리도록 떠들면 선동가다. 진실을 귀에 거슬리게끔 말하면 예언자, 즉 선지자다. 진실이든 거짓이든 귀에 전연 와 닿지 않게 이야기하면 그저 꼰대나 전문가일 뿐이다.

안철수 국민의당 의원이 2월 6일 월요일 오전에 여의도 국회 본회의장에서 행한 교섭단체 대표 연설은 보통의 평범한 국민들에게 어떻게 다가왔을까? 나는 그가 진실을 귀에 와 닿지 않게 이야기했다고 생각한다. 솔직히 하도 지루한 나머지 읽다가 중간에 좀 뻔했다.

내가 도리어 유심히 주목한 부분은 안 의원의 부인인 김미경 서울대 교수(이하 형수)가 광주에 갔다는 소식이었다. 나는 형수가 광주에서 활동하는 사진을 열심히 퍼 나르는 안철수 지지자들의 모습을 대하고 두 번 한숨을 쉬었다. 첫 번째는 철수형 때문에. 두 번째는 광주 때문에.

내가 예언자도 아니고 선지자도 아니지만 이참에 진실을 좀 기분 나쁘게 얘기해야만 하겠으니 잠시 양해해 주시기 바란다. 형수가 광주에 내려간 이유는 안 봐도 비디오다. 안철수 대통령 선거 캠프에서는 광주가 대한민국의 정치 1번지이므로 광주의 민심을 잡는 것이 무엇보다도 중요하다고 여겼으리라. 그런데 나는 광주의 표심을 붙잡는 작업을 별로 중대한 과제라고 평가하지 않는다. 다음과 같은 세 가지 이유에서다.

첫째로, 크게는 안철수가, 작게는 국민의당이 현재의 대선 국면에서 고전하는 근본적 원인은 광주나 호남에서 지지율이 낮은 데 있지 않다. 서울, 특히 강북 지역의 서민층 거주 동네들에서 지지도가 더불어민주당에게 압도적으로 뒤처지는 탓이다. 안철수 의원이 강북에 지역구를 가진 유일한 주요 대권 주자임을 감안하면 당과 개인 모두의 작금의 지지율 부진은 참으로 뼈아픈 사태라고 하겠다.

두 번째는 2002년과 확 달라진 정치 지형에 있다. 2002년은 수도권 유권자들이 광주의 선택을 대단히 중요시했다. 그러나 그로부터 무려 십오 년의 세월이 흐른 현 시점에서는 수도권 여론과 광주의 민심이 거의 따로 노는 양상이다. 문재인 전 더불어민주당 대표조차 광주와 수도권 민심의 괴리 현상을 적시에 간파하지 못했기에 호남이 지지를 거두면 정계에서 은퇴하겠다는 헛발질을 턱하니 어리석게 해 버렸다.

세 번째는 보다 본질적이다. 광주는 더 이상 대한민국 정치의 1번지가 아니다. 유훈정치의 1번지일 따름이다. 아마 이 소리를 듣고 나를 일베충 같은 녀석이라고 욕할 사람이 꽤 많이 나올 듯싶다, 허나 욕을 먹기가 두려워서 해야 할 말을 하지 못하고, 해야 할 일을 하지 않는다면 이 사회와 세상은 영원히 바뀌지 않으리라. '유훈정치'와 '성지순례'는 동전의 양면 관계다. 2017년 현재, 우리나라의 어떤 정치 지도자도 새롭고 참신한 영감과 발상을 얻고, 대담하고 획기적인 미래 비전을 만들어 내려는 목적으로 광주를 찾지 않는다. 그들은 '전통적인' 광주정신을 계승하기 위해, 이제는 마치 오랜 족보처럼 내려져오는 민주화 운동의 정통성을 상속받기 위해 광주에 들른다. 광주와 호남은 과거가 남겨 준 해묵은 유산이 보존되어 있는 장소이지, 미래로 나아가는 데 유용하고 요긴하게 참고할 만한 나침반과 내비게이션이 있는 도전과 모험과 창조의 공간은 더는 아니라는 뜻이다.

쉽게 풀어 써 보자. 당신에게 양자택일로 주어진 두 종류의 비행기 티켓이 있다고 가정해 보시라. 하나는 뉴욕과 상하이를 차례로 향하는 항공권이다. 다른 하나는 메카와 예루살렘의 성지를 방문하는 비행기표이다. 당신이 과거를 추억하고 싶다면 메카와 예루살렘으로 성지순례를 떠날 테고, 내실 있고 진취적으로 미래를 준비하기를 바란다면 뉴욕과 상하이를 찾아갈 것이 분명하다. 매우 유감스러운 말씀이겠으나 오늘날 광주의 객관적 위상은 뉴욕과 상하이가 아닌 메카와 예루살렘의 그것에 훨씬 더 가깝다. 누가 상황을 그렇게 이끌어 왔는지는 각자의 상상과 심판에 맡기겠다.

안철수와 손학규도, 박원순과 이재명도 수시로 광주를 드나들었다. 그중에 몇 명은 광주에서 대선 출마를 공식 선언하기도 했다. 하지만 결과는 좋지 않았다. 안철수와 손학규는 지지율이 답보 상태에 계속 머물고 있고, 박원순은 집권의 꿈을 허무하게 접었으며, 이재명은 완전히 풀이 꺾였다.

왜일까? 그들 전원이 광주를 승부처로 판단한 탓이다. 여기서 즉각 반론이 제기될 법하다. 광주는 작년 20대 총선에서 국민의당에게 지역구 의석을 전부 몰아주지 않았느냐고? 이는 하나만 알고 둘은 모르는 윤똑똑이들의 푸념에 지나지 않는다. 핵심은 구조, 곧 프레임이다. 광주는 성지순례의 도시고, 과거가 미래를 지배하는 도시고, 어제는 있어도 내일은 없는 도시고, 산 자들이 죽은 자들을 위해 있는 도시다. 누가 의도적으로 기획한 일이 아님에도 '어어' 하는 사이에 광주는 그렇게 21세기 유럽 천국이 되고 말았다. 내가 광주 시민들께 돌 맞을 각오를 하고서 광주를 유훈 정치의 1번지라고 규정할 수밖에 없는 저간의 배경이다.

유훈정치가 기승을 부리고, 성지순례가 정치인들의 필수적 업무며, 과 거가 미래를 압도하고, 살아 있는 사람들이 죽은 사람들이 남겨 놓은 틀에 갇혀야만 하는 곳에서는 언제나 문재인이 최강자이다. 안철수와 손학규 도, 박원순과 이재명도 문재인이 최강자이기 마련인 전장에서 문재인에 게 싸움을 걸었으니 판판이 나가떨어지는 것이 당연하다. 반드시 이길 수 있는 곳에서만 적과 싸우라는 『손자병법』의 기본을 이 네 명은 무모하게 정면으로 무시한 셈이다.

안희정의 상승세가 무섭다고 한다. 미아리 점집보다도 부정확하고, 아 파트 분양 현장의 떴다방보다도 영혼과 양심이 실종된 종자들이 운영하는 곳이 한국의 여론조사 회사들이다. 그렇지만 안희정의 지지율이 추세적 으로 빠르게 오르고 있는 것만은 틀림없다. 철수형 부인이 광주에 내려간 날, 안희정은 서울 강북구청에 나타났다. 진짜 숨은 표는 서울 강북에 있 다는 결론을 안희정 충남지사도 나처럼 내린 모양이다. 반면에 철수형도 모자라 급기야 형수마저 덩달아 광주에 내려가 허깨비를 좇으며 유훈정치 의 확대재생산에 결과적으로 부역하고 있으니 정말 안타깝기 짝이 없는 노릇이다.

안희정과 문재인 모두 망국적이고 시대착오적인 유훈정치의 수혜자들 이다. 둘 사이의 유일한 차이점은 안희정은 유훈정치의 음산하고 괴기스 러운 분위기를 자신으로부터 걷어내려고 치밀하게 움직인다는 점이다. 안철수와 손학규가, 박원순과 이재명이 메카와 예루살렘으로 분별없이 성지순례를 떠남으로써 유훈정치의 파이를 오히려 키워 주는 자충수를 둔 것과는 확연히 대비되는 영악한 동선이고 셈법이다. 안희정은 스스로가 유훈정치의 대표적 주역이자 최고의 수혜자임에도 뉴욕 맨해튼의 금융가와 상하이 푸동 지구의 번화가를 요란하게 활보하면서 본인이 '개명된 유물주의 정치'를 펼침 것임을 남한의 유권자들에게 차근차근 증명해 가고 있는 것이다.

문재인에게 이기고서 정권을 잡고 싶은가? 그러면 광주에 가지 마라. 차라리 광주를 메카와 예루살렘에서 뉴욕과 상하이로 놀랍게 탈바꿈시킬 정책과 청사진을 마련해 공개해라. 그것만이 시대착오적 유훈정치를 타파하고, 실체 없는 문재인 대세론을 깨뜨릴 가장 확실하고 효과적인 길일 테니까.

김부겸은 왜 좌절했을까?

김부겸 의원이 대통령의 꿈을 접었다. 진 즉에 예견된 일이다. 그가 대통령 선거 벽보에 자신의 얼굴과 이름을 올릴 수 있는 마지막 기회는 작년 20대 총선 때였다. 그는 홍희락 의원의 더불어민주당 공천 탈락에 항의하며 더불어민주당을 명예롭고 질서 있고 떠날 수 있었기 때문이다.

김부겸은 문재인당에 주저앉는 소심한 길을 선택했고, 김부겸의 대선은 사실상 그걸로 끝났다. 더불어민주당 잔류와 대선 포기로 이어지는 그 후의 사태 전개는 당시 이미 충분히 예상됐다. 김부겸의 낙마가 국민들에게 별다른 충격과 놀라움을 주지 못하는 까닭은 그의 여론조사 지지도가 낮아서가 아니다. 내려갈 틈은 내려가는 것처럼, 일어날 일이 일어난 데 있다.

김부겸의 가슴속 포부는 '공존하는 나라, 상생하는 세상'을 만드는 것이었다. 문제는 그가 몸담은 정당은 공존도, 상생도 원천적으로 불가능한 정당이라는 점이었다. 끼리끼리 폐쇄적으로 다 해먹는 패권주의가 판치고, 반대파에 대한 관용과 이견에 대한 존중이 발붙일 구석이 전연 없는 시대착오적 유훈정치가 기승을 부리는 봉건적 붕당이라는 사실이었다.

사문난적 사냥으로 해가 뜨고, 예송논쟁 소동으로 해가 지는 집단에서 공존과 상생을 논했으니 그야말로 나무에서 물고기를 찾는 격이었다.

극렬 문재인 지지자들이 보낸, 상스러운 욕설을 뜻하는 '18원'의 후원금 아닌 후원금이 통장에 계속 쌓이는 모습을 바라보면서 김부겸은 과연 무슨 생각을 했을까? 그는 아마 도끼로 제 발등을 찍는 고통과 아픔을 느꼈으리라.

문재인 더불어민주당 전 대표는 한나라를 세운 유방과는 거리가 멀어도 한참 먼 인물이다. 유방은 스스로의 힘으로 바닥에서부터 일어나 대업을 이룬 전형적 흙수저다. 반면에 문재인은 단지 참여정부 최고존엄의 친구라는 이유만으로 손쉽게 당권을 거머쥐고, 어영부영 집권까지도 노릴 수 있게 된 한국 정치의 대표적 금수저이다.

역설적 대목은 문재인은 유방이 아니지만, 그의 경쟁자들은 유방에게 무기력하게 거세된 한신을 쏙 빼닮았다는 부분이다. 문 전 대표의 경쟁자들은 문재인을 너끈히 제압할 수 있는 실력과 명분을 보유하고 있었다. 조직과 지지율, 조직망을 구축하고 지지율 끌어올리라고 실력과 명분이 있는 것이다. 태어날 때부터 조직과 지지율을 수중에 갖고 있으면 그게 민주공화국의 대선 후보인가? 그냥 황제나 왕일 뿐이지.

그런데 더불어민주당 내부의 문재인 경쟁자들은 초한지에 등장하는 한신마냥 '나 잡아먹으세요!' 하는 식의 투항적 자세를 시종일관 취해 왔다. 패배가 패배주의를 낳는 것이 아니다. 패배주의가 패배를 부르는 것이다.

박원순 시장은 서울시장에 재선된 이래로 2년 반 넘게 친문 세력을 향해 굴종에 가까운 유화적 태도를 보여 왔다. 그는 문재인 대세론을 굳혀줄 것이 명백한 소위 '문안박 연대'를 심지어 앞장서 쌍수를 들고 환영하기조차 했다. 근래에 보기 드문 희대의 정치적 자살골이었다. 그 대가로 더불어민주당 국회의원 공천 과정에서 박원순의 남자들은 줄줄이 물을 먹었다. 학살이라고 해도 결코 과언이 아니었다.

안철수 의원은 문안박 연대가 친문 세력이 교활하게 파놓은 함정임을 일찌감치 슬기롭게 간파하고서는 더불어민주당을 과감하게 탈당해 국민의당을 창당했다. 현재 아무리 지지율이 죽을 쓰고 있어도 안철수는 금년 2017년 대선에서 후보로 나올 수 있고, 따라서 역전승의 기회는 얼마든지 남아 있다. 그러나 박원순에게는 더 이상 기회가 없다.

작년 이맘때 김부겸의 선거 캠프는 초패왕 항우가 몰락하기 직전의 한신의 군영과 대단히 비슷한 분위기였으리라. 뛰어난 책사인 괴철은 천하삼분지계를 진언하며 유방 진영과 결별해 독자 노선을 걸을 것을 주장했으나, 한신은 이 요구를 묵살하고 사면초가 전략으로 항우의 마지막 숨통을 끊었다. 항우는 전쟁터에서 장렬하게 전사라도 했건만, 한신은 유방의 부인인 여태후에게 사로잡혀 어두운 종탑에서 쓸쓸하게 최후를 맞이했다. 한신에게는 물산과 인력이 풍부한 제나라가 있었고, 김부겸에게는 대구·경북이라는 지역적 기반에 더해서 점진적 개혁을 선호하는 온건 중도 성향의 다수의 유권자층이 있었다. 다만 결정적으로 부족한 건 두 눈 딱 감고 국민만 믿고 가겠다는 모험심과 도전 정신이었다. 더불어민주당의 당 조직을 자기가 흡수해 활용하겠다는 정치 공학적 계산과, 탈당하면 쏟아질지도 모를 친문 성향의 기자들과 지식인들의 집중포화에 대한 공포감이 그의 발목을 붙잡고 미래를 망쳤다.

참모는 아이디어로 먹고사는 사람이다. 지도자는 맷집으로 버티는 사람이다. 매에는 장사 없다고 육체의 맷집에는 한계가 존재한다. 이와는 대조적으로 정신의 맷집은 잘 다듬고 단련만 한다면 거의 무한대로 강화시킬 수가 있다. 유방은 아이디어는 없었지만 맷집이 있었다. 유방은 남들이 뭐라고 하든 필요할 때마다 『손자병법』에 쓰인 삼십육계를 주저 없이 실천했다. 그는 궁지에 몰리면 망설임 없이 줄행랑을 쳤다. 그럼에도 절대로 남의 가랑이 사이를 기지는 않았다.

한신은 아이디어는 있었지만 맷집이 허약했다. 그가 『손자병법』에서 구사하지 못한 병법이 딱 하나 있었다. 삼십육계였다. 도망가지 않고서도 생존할 수 있는 방법은 한 가지다, 상대의 가랑이 사이를 기는 것이다. 그는 불량배의 가랑이 사이를 기었듯, 유방의 가랑이 사이를 기었다. 그리고는 비극적으로 숙청당했다.

독립은, 자립은 어떤 측면에서는 탈주이고 도주이기도 하다. 그러나 도주와 탈출은 창업의 필수적 전제 조건이다. 로물루스는 외할아버지가 다스리는 알바 왕국에서 쌍둥이 동생 레무스와 나란히 빠져나와 로마를 개창했다. 주몽은 부여에서 도망쳐 고구려를 세웠고, 온조와 비류는 고구려로부터 몸을 빼내 백제를 건국했다.

국민과 함께 위대한 도전과 모험을 하려는 정치 지도자는 도망칠 배짱과 담력이 있어야 한다. 도망치지 않으면 무릎을 꿇거나 상대의 가랑이 사이를 기어야 하고, 적에게 무릎을 꿇거나 경쟁자의 가랑이 사이를 기는 순간 지도자로서의 생명은 그날로 끝이다. 어쩌면 항우도 오강을 건너 도망갈 용기가 있었다면, 재기에 성공했을지도 모른다.

김부겸의 불출마의 변을 다시 읽는다. 출마의 변도 아닌 엽기적인 불출마의 변을. 그는 불출마의 변에서조차 도망갈 용기를 내지 못했다. 더불어민주당에 다시금 주저앉기로 결심한 것이다. 이래서 대책 없이 머리만 좋은 사람들이 결국에는 안 되는 듯싶다.

창업 후 권력 서열이 밀리고 밀려 스물한 번째까지 밀린 회음후淮陰侯 한신도 머리는 어쨌든 좋았더랬다. 김부겸에게 18원 후원금의 굴욕을 안기는 일을 주도했던 정청래 전 의원은 벌써부터 위로인지 조롱인지 헷갈리는 묘한 글을 본인의 트위터에 올렸다는 소식이다. 여태후 역할을 자임할 셈인 모양이다. 사람이 제때 '용기 있게' 도망가지 못하면 이렇게 비참해진다.

바보야, 문제는 강북이야

전쟁과 선거의 크나큰 공통점은 벽이나 책상 위에 지도를 펼쳐 놓고 하는 작업이라는 데 있다. 그렇다고 군인을 선거판에 함부로 끌어들이지는 마시라. 문재인 전 더불어민주당 대표가 공들여 영입했다는 전인범 전 특전사령관처럼 희대의 엑스맨 역할을 하는 경우도 있다.

'적을 견제하고 그 전력을 분산시키기 위하여 주전선 이외에 부차적으로 설치하는 전선. 그러나 제1전선에 대해서 반드시 부차적 역할을 수행하는 것만은 아니며, 때에 따라서는 오히려 제2전선에서 승부를 결정하게 되는 경우도 있다.'

『두산백과사전』에서 인용한 '제2전선(Second Front)'의 개념이다. 나는 '제1전선에 대해서 반드시 부차적 역할을 수행하는 것만은 아니며, 때에 따라서는 오히려 제2전선에서 승부를 결정하게 되는 경우도 있다'는 문장에 특히 주목하련다.

히틀러의 패망은 연합군이 노르망디 해변에 상륙해 스탈린이 루스벨트와 처칠에게 줄기차게 요구해 오던 제2전선이 생겨난 것과 함께 기정사실이 되었다. 승승장구를 거듭하던 견훤의 운명은 왕건이 지휘하는 후고구려 군대가 지금의 영산강 하구를 점령하고 후백제의 등 뒤에 제2전선을 설치한 사태를 분기점으로 삼아 하강세를 그리기 시작했다. 우리가 어렸을 적부터 귀에 못이 박히도록 배워 왔듯이, 맥아더의 유엔군이 인천상륙 작전을 성공시켜 한강에 제2전선을 구축하면서 한국전쟁의 전세는 급변했다.

반면에 실패한 제2전선도 있다. 제1차 세계대전 당시의 갈리폴리 전역이 대표적이다. 대영제국의 해군 장관이던 처칠의 주도 아래 소아시아 반도에 상륙한 영불 연합군은 25만 명에 달하는 엄청난 사상자만 남긴 채 비참하게 야반도주해야 했다. 이 작전의 실패로 처칠은 그 후 20년 동안을 정치 낭인 비슷한 신세로 지내야 했다.

성공한 제2전선과 실패한 제2전선 간에는 과연 어떤 차이가 있을까? 바로 민심을 얻을 수 있는지의 여부다. 처칠처럼 오로지 군사 전략적 관점에서만 제2전선을 바라본다면, 영불 연합군을 제2의 십자군으로 간주해 민군 일체로 격렬히 저항할 것이 명명백백한 오스만투르크 영토 한가운데에 무모하게 상륙을 감행하기 마련이다. 견훤과 영산강 유역 호족들의 갈등이, 독일 점령군의 만행에 대한 프랑스 인들의 분노가, 북한 인민군의 마구잡이 의용군 징병이 초래한 남한 민중의 반감이 제2전선이 성공할 수 있는 조건과 환경을 마련해 주었다. 투르크 제국의 백성들이 아무리 술탄을 싫어한다고 한들 기독교 국가의 군대를 두 손 들고 환영하겠는가?

문재인 대세론이 횡행하고 있다. 과거의 이회창 대세론은 조중동 족벌 신문과 방송가의 조선일보라는 비판을 받아 온 SBS가 인위적으로 만들어 냈다고 해도 과언이 아니다. 그와 마찬가지로 문재인 대세론은 비유하자면 아버지 판사하시고, 어머니 성악하시는 강남 8학군 출신의 금수저 기자들이 꾸며 낸 허깨비일 가능성을 배제하기 어렵다.

이 세상에 자기 발로 권좌에서 내려오는 독재자는 없듯, 스스로 깨지는 대세론 또한 없다. 태양이 뜨기에 어둠이 물러가는 것처럼, 실체 있는 진짜 대세 앞에서 가짜 대세는 금세 사라지는 법이다. 문재인 대세론이 득세할 수 있는 배경은 서울 강북 지역에서 더불어민주당이 그들의 실제 역량과는 전혀 상관없이 터무니없이 높은 지지율을 기록하는 데 있다. 그런데 강북 민심은 정말 문재인을 지지하고 있을까?

참여정부의 몰락은 지역적으로는 대북송금특검 수용과 민주당 분당 강행이 낳은 호남의 민심 이반이, 계급적으로는 사교육 광풍과 강남의 아파트값 폭등에 따른 강북의 여론 악화가 결정적 원인을 제공했다. 강북 사람들은 참여정부 집권 시기에 매일 정신없이 치솟는 아이들 과외비와, 가난한 무주택 서민들이야 복장이 터지던 말든 아랑곳하지 않고 한 달에 일억 원씩 뛰던 강남 아파트값의 악몽을 여전히 생생히 기억하고 있다. 참여정부 5년은 가히 '강남천국, 강북지옥!'의 5년이었다.

현재는 제1전선이 호남과 부산·경남 사이를 오락가락하고 있다. '호남 표심의 향방 중요해', 혹은 '부산·경남 최고의 격전지로 떠올라' 따위의 언론 보도가 빈번한 까닭이다. 문제는 금년 2017년 대선의 최고의 실질적 승부처는 서울 강북이라는 점이다. 이는 더불어민주당이 강북에서 실력과 깜냥에 어울리지 않게 누리고 있는 거품 낀 지지도가 제자리를 찾아 돌아가게 되면 문재인 대세론 역시 봄날 눈 녹듯이 허망하게 사그라진다는 뜻이다.

그런데 현실은 암울하다. 안철수 의원은 서울 강북에 지역구를 두고 있는 유일한 대선 주자다. 그는 아버지 주방에서 닭 튀기시고, 어머니 홀에서 서빙하시는 평범한 청년들의 지지를 얻을 수 있는 가장 유리한 입지적

위치에 있었다. 그러나 안철수는 그와 같은 하늘이 내려 준 지리를 활용하지 못했다. 아니, 않았다. 광주와 부산을 시도 때도 없이 들락거리느라, 전직 대통령들의 묘소를 참배하고 전직 대통령 영부인들을 만나느라 금쪽같은 귀중한 시간을 허투루 낭비했다. 문재인 대세론을 단숨에 깰 제2전선을 상계동 집에 그냥 누워만 있어도 자연스럽게 형성할 수 있는 천혜의 요지를 순전한 판단착오로 말미암아 제 발로 떠나 버린 셈이 되고 말았다. 발밑에 엄청난 매장량의 유전이 있는 줄도 모른 채 타지에서 힘들게 연탄장사나 하고 있는 격이다.

성공하는 제2전선은 상대방의 근거지와 먼 공간에 출현하지 않는다. 노르망디는 독일 제3제국의 심장부인 베를린에, 모스크바와 견줄 때 훨씬 더 가까운 곳이었다. 왕건이 기습적으로 점거한 영산강 하구의 금성(나주)은 철원이나 개성과 비교하면 완산주(전주)와 엎어지면 코 닿을 장소였다. 맥아더가 공략한 월미도와 서울 도심 사이의 거리야 굳이 언급할 필요조차 없으리라.

문재인 전 대표는 부유한 강남권에서 압도적 지지를 받고 있다. 문재인 대세론이 제조되고 유포되는 곳도 강남 번화가의 고급 카페들이리라. 학계와 언론계와 문화예술계의 헤게모니를 확고하게 틀어쥔 강남좌파들은 문재인 대세론에 마치 실체가 있는 것처럼 열심히 포장하느라 바쁘다.

강남과 물리적 거리는 가까우면서도 심리적 거리는 단연 제일 먼 곳은 어느 모로 보나 서울 강북이다. 강남의 정반대 대척점에 서 있는 여기 강북에 정치적 제2전선을 성공적으로 구축하는 정치인이 단기적으로는 문재인 대세론을 무너뜨리고, 장기적으로는 대한민국 19대 대통령으로 선출될 수가 있다. 최근 충남지사인 안희정 씨가 열 일 다 팽개치고 뜬금없이 주말마다 강북에 출몰하는 이유다. 그는 광화문을 건너뛰고서 곧바로 강북의 주택가로 파고드는 중이다.

　다음 대통령이 누가 될지 알고 싶으신가? 그저 잠만 자는 변두리 베드 타운처럼 퇴락한 서울 상북의 조용한, 정확히는 침체된 서민층 거주 지역에 자주 얼굴을 비치고 발품을 파는 인물이 청와대에 입성할 것이다. 그러니 안철수는 제발 서울 바깥으로 쓸데없이 그만 나돌아 다니기 바란다. 벌써 몇 번째 강조하는 바이지만, 올해 대선은 내동령 선거의 일굴을 한 서울시장 선거다.

스트롱맨 vs 예능인

아직도 그런지는 모르겠다. 내가 초등학교에 다녔을 때에는 '오락부장'이라는 확실한 선출된 권력이 있었다. 왜 확실한 선출된 권력이냐? 반장과 부반장 등 대부분의 학급 임원들은 담임 선생님에 의해 일방적으로 지명되거나, 또는 간간이 학생들의 직접 선거로 정해지기 일쑤였다. 반면에 오락부장은 학생들 스스로가 만장일치에 가깝게 추대하는 경우가 많았다. 보통 반에서 제일 까불기 좋아하는 장난꾸러기 남학생이 뽑히기 마련인 오락부장은 민주주의와 추대라는, 통상적으로 좀처럼 어울리지 않는 두 개의 개념을 성공적으로 양립시키는 융합의 달인이었다.

열화와 같은 압도적 지지를 받으며 민주적 절차를 거쳐 선출된 오락부장이었지만 그 구실과 존재감은 학급 안에, 그것도 철저히 오락 시간에만 한정되었다. 따라서 오락부장은 학교의 공식적 역사에 오를 일도, 학급 대표의 자격으로 다른 반 학생들과 대면할 기회도 없었다. 아무리 인기 절정의 오락부장도 본질적으로는 구경거리 어릿광대일 뿐이었다.

생각해 보니 나도 딱 한 번인가 오락부장을 한 경험이 있다. 외모도 시원치 않고, 유머 감각도 별로인 내가 어째서 오락부장에 당선됐는지는 여전히 아리송하다. 우연히 내 옆자리에 앉은 짝꿍이 당시 반에서 가장 얼굴이 예쁜 여학생이었던 덕분에 그 후광, 아니 측광을 누린 건가? 내가 나온 초등학교에는 나란 인간이 오락부장을 역임했다는 기록은 당연히 없다. 중요한 대목은 초등생 시절 누렸던 팔자에도 없는 그 과분한 여복의 저주를 받아 불혹의 나이, 마흔을 넘어서야 겨우 가까스로 장가를 갈 수 있었다는 사실이다.

바야흐로 예능의 전성시대다. 오락이라는 말 대신 '예능'이라는 단어가 언제부터인가 대세로 자리 잡게 된 연유에서다. 이제 오락은 컴퓨터 게임의 고풍스러운 표현 정도로 지위가 격하된 지 오래다. 예능이 대세가 되자 대통령도 예능 방식으로 뽑자는 흐름마저 급기야 등장했다. 이러한 세태는 사익을 추구하는 민간 영리 기업인 태영건설이 운영하는 전형적인 상업 방송인 SBS 서울방송이 <대선 주자 국민 면접>이라는 수준 낮은 저질 토크쇼를 내보내면서 한층 더 가속도가 붙었다.

독일의 사회학자 겸 정치철학자 막스 베버는 직업 정치인이 반드시 갖춰야 할 세 가지 자질로 열정, 균형 감각, 그리고 책임 윤리를 제시했다. 베버가 생전에 어떻게 떠들었던 전연 상관없이 2017년의 대한민국 선거판에서는 단 한 가지 소질만 있으면 만사 장땡인 형국이다. 바로 예능감이다. 예능감이 정확히 무엇을 함의하는지는 의견이 분분하다. 하지만 '대중이 즉각적으로 반응하는 쉽고 재미있는 주제들을 순발력 있게 다룸으로써 십대 여중고생들이 환호하는 아이돌 같은 폭발적 인기를 누리면 그것이 예능감 있는 정치인'이라는 데에는 대략적으로 견해가 일치한다. 이 구절은 동아일보 정호재 기자가 자신의 페이스북에 적은 내용을 내가 비판적으로 정리해 본 것이다.

유심히 살펴보면 예능감 있는 정치인의 모습은 옛날 학급 오락부장과 대단히 유사하다. 학급 오락부장은 같은 반 학생들이 단박에 흥미를 느끼는 쉽고 재미있는 주제들을 순발력 있게 다룸으로써 오늘날의 아이돌 못지 않은 인기를 누렸다. 내가 어렸을 무렵에는 지금은 고인이 된 코미디언 이주일 선생의 흉내를 잘 내는 것이 물오른 예능감을 뽐내는 길이었다. 2017년의 한국 정치에서는 후보는 아이돌 흉내를, 지지자들은 이른바 빠라고 손가락질을 당하곤 하는 아이돌 팬덤 흉내를 각각 잘 내야 각종 언론 보도와 이런저런 여론조사들에서 유력 대권 후보로 각광받을 수 있다.

문제는 오락부장은 예능감 하나만 보고서 뽑아도 큰 탈이 없지만, 대통령을 예능감 위주로 선출했다가는 머잖아 나라에 크고 치명적인 망조가 들 것이 분명하다는 점이다. 세 가지 이유 때문이다.

첫째로 오락부장이 반을 이끌지는 않는다. 학급을 운영하는 사람은 기본적으로 담임선생님이고, 담임선생님으로부터 권한을 부분적으로 이양받은 반장과 부반장이다. 이와 대조적으로 대통령은 한 국가를 정식으로 대표하고 영도하는 국가원수이자 행정부의 수반이다.

둘째로 오락부장은 딱 오락 시간에 국한해 활동한다. 진지한 수업 시간이나 학생들의 장래에 두고두고 영향을 미칠지 모를 시험 시간에는 오락부장이 발붙일 여지가 없다. 그렇지만 대통령은 중요한 나랏일을 결정하는 인물이다. 이를테면 대통령은 군대의 통수권자로서 외국과 전쟁을 벌일 수도 있다. 당신은 하다못해 운동회에서 다른 반과 릴레이 경주 시합을 할 때 오락부장이 선수 선발하는 광경을 목격한 기억이 있는가?

세 번째로 오락부장은 실패와 실수를 결코 책임지지 않는다. 학급 성적이 다른 학급에 비해 현저하게 뒤처지면 우선은 담임선생님이 교무회의에서 교장과 교감에게 차례차례 깨지고, 나중에는 반장이 선생님으로부터 질책을 받는다. 오락부장이 잘못해서 학급 성적이 떨어졌다고 믿는 인간이 있다면 구제불능의 정신병자라고 하겠다.

그런데 대통령은 최종 결정권자인 동시에 최종 책임자이기도 하다. 단적으로 박근혜 대통령이 세월호 침몰 참사에 책임을 져야만 하는 결정적 이유는 그가 다름이 아니라 대한민국의 현직 대통령이라는 데 있다. 박근혜 대통령처럼 책임지기 싫어하는 사람은, 문재인 더불어민주당 전 대표 같이 안철수가 자기를 안 도와줘서 2012년 대선에서 졌다며 남 탓하기 좋아하는 사람은 다시는 대통령이 되어서는 안 되는 까닭이 여기에 있다.

그러나 올해 2017년의 19대 대한민국 대통령 선거의 구도는 가뜩이나 바쁠 대선 주자들 불러다 놓고 말장난으로 시간 낭비하게 만드는 SBS의 싸꾸려 저질 토크쇼가 적나라하게 드러내고 있듯이, 나라를 이끌 선장 역할을 맡을 지도자가 아닌 오락부장 노릇을 해 줄 예능인을 뽑는 양상으로 완전히 고착되고 말았다. 예능감은 고사하고 오만과 독선으로 가득 찬 불통의 대명사 박근혜를 국민들이 요순임금 뺨치는, 세종대왕을 연상시키는 성군으로 곧 그리워하게 될 역사의 퇴행을 우리 스스로의 손으로 착착 준비하고 있는 셈이다.

많은 이들에게 질문을 던지고 싶지만 세 사람한테만 묻는 걸로 끝마치련다. 먼저, 정치의 천박한 예능화를 앞장서 부추기고 있는 SBS 관계자들에게 묻고 싶다. 당신들은 크게는 태영건설의 최고 경영자를, 작게는 서울방송의 사장을 학급 오락부장 뽑듯 선출하는가? ㈜태영건설 누리집에 접속해 CEO 인사말을 대행하고 있는 부회장의 프로필을 살펴보니 연극영화과가 아닌 화학공학과 졸업으로 소개되어 있다. 만약에 SBS 부회장이 대학 시절에 예능감 뽐내면서 실험실에서 화학 실험을 했다고 가정해보시라. 상상만 해도 아찔하다. 당신들 회사의 책임자는 진지하게 뽑으면서, 국민들이 대통령은 징난스럽게 뽑도록 유도하는 그 못된 심보는 도대체 뭐란 말인가? 놀부 심보냐? 아니면 도둑놈 심보냐?

다음은 안철수 의원에게 묻고 싶다. 성경에 '칼로 흥한 자 칼로 망한다'고 했다. 예능으로 흥한 자 예능으로 망한다. 솔직히 안철수 현상에 불을 댕긴 주인공은 MBC 문화방송의 예능 프로그램인 <무릎팍도사>였다. 안철수야말로 정치의 예능화의 최고 수혜자였다. 그런데 현재의 안철수는 정치의 예능화의 최대 피해자가 되어 버린 모양새다. 정치판 전체가 교활하고 악의적인 거짓 뉴스(Fake News)가 공공연하게 판을 치는 거대한 저질 막장 토크쇼로 전락하면서 안철수가 공들여 내놓은 정치 개혁 청사진과, 4차 산업혁명 대책 같은 중대하면서도 무거운 이슈들이 대다수 유권자들에게 전혀 먹혀들지가 않고 있는 탓이다. 정치 예능화의 헬 게이트를 연 안철수가 결자해지의 심정으로 정치의 예능화에 종지부를 찍을 의향이 없는가? 예컨대 <썰쩐>류의 모든 백해무익한 저질 정치 토크쇼들과의 전면전을 선포하라는 의미이다.

마지막으로 국민들에게 묻고 싶다. 국민은 국민들의 실력과 수준을 고스란히 반영하는 지도자를 맞고 갖는 법이다. 정치의 예능화가 거침없이 진행되고 있다는 것은 대한민국 일반 국민의 평균적 의식 수준이 초등학생 단계에 머물러 있다는 뜻이다. 허나 우리나라 주변을 잠깐 둘러보시라. 미국의 트럼프, 중국의 시진핑, 일본의 아베, 러시아의 푸틴, 심지어 북한의 김정은까지 전부 다 강력한 카리스마와 확고한 추진력을 자랑하는 스트롱맨 일색이다.

'Strongman'은 주목을 받기보다는 주먹을 쓰기 좋아하는 거칠고 냉혹한 싸움꾼들을 가리킨다. 이 쟁쟁한 군웅들을 상대할 대한민국 차기 대통령으로 예능감 한 가지 빼면 아무것도 할 줄 모르는 무능한 산송장에 지나지 않을 한심한 정치꾼을 선택해 보시라. 대한민국은 필경 이리 터지고 저리 차이는 국제 사회의 동네북 신세를 면하기 어려울 게다.

예능감 한 가지 빼놓으면 아무것도 할 줄 모르는 무능한 산송장을 선호하는 대중의 자멸적 경향은 금년 선거 국면에서는 바뀌지 않을 전망이다. 그러므로 다음번 선거에서는 한국판 스트롱맨이 틀림없이 등장하리라. 나는 누가 한국판 스트롱맨이 될지는 모른다. 그럼에도 한국판 스트롱맨이 어떠한 슬로건을 내세워 대권을 거머쥘지는 알고 있다? 그게 뭐냐고? "이게 국민이냐?"이다.

"이게 국민이냐?"

일단 예능감 넘치는 정치인이라면 닥치고 찍어 주려는 어리석고 저질스러운 21세기의 평범한 한국인들이 듣기에 딱 좋은 얘기다.

'6 : 238' 의 진보정권 1

        6 : 238. 무등산 폭격기라는 별명으로 불린 국보급 투수 선동열의 전성기 시절의 한 시즌 피홈런 개수와 탈삼진 수가 아니다. 참여정부의 권력이 한창 위세를 떨치던 2006년에 국립 서울대학교에 입학한 중랑구와 강남구 출신 신입생들의 숫자다. 강남구에서 서울대학교에 무려 238명을 보낼 때 같은 서울 하늘 아래 있는 중랑구에서는 60명도 아니고, 겨우 6명 만이 진학했다는 뜻이다. 단 6명이!

  강남 학생들이 강북 학생들과 비교해 공부를 열심히 하는 것은 사실일 수가 있다. 어쩌면 평균 지능지수도 높을지 모른다. 그러나 아무리 강남 학생들이 학업에 충실하고 아이큐가 높다고 한들 중랑구를 비롯한 강북 학생들과 견주어 학습량이 사십 배가 많거나, 지능지수가 사십 배가 높기는 원천적으로 불가능한 노릇이다.

  절친한 선배를 통해서 이 수치를 확인하는 순간 나는 즉시 멘붕에 빠져들고 말았다. 정치와 행정, 경제와 기업에 더해 이제는 심지어 학계와 언론계와 문화예술계마저 강남 부자들이 확고히 장악한 사태야 이미 진즉에 알고 있었지만, '6 : 238'이라는 처참하다 못해 엽기적이기까지 한 구체적 통계를 막상 접하고 나니 그야말로 망연자실해지지 않을 수 없었다.

내게 충격과 공포, 경악과 분노를 불러일으킨 문제의 통계 수치를 귀띔해 준 선배는 다양하고 정확한 데이터에 기초해 한국 정치를 오랫동안 전문적으로 연구해 온 인물이다. 나는 순간 그가 무척이나 원망스러워졌다. 한국 사회의 총체적 불공정과 심각한 불평능 상황을 단박에 까발리는 저 귀중한 숫자를 왜 지금에야 알려 주었는지 너무도 섭섭하고 서운했다. 그 야속한 선배는 <데이터정치연구소> 최광웅 소장이다.

그런데 막상 곰곰이 생각해 보니 그가 '6 : 238'의 비급을 혼자 은밀히 간직해 온 동기와 사정이 조금은 이해가 됐다. 왜냐? 그 수치는 조선일보와 중앙일보와 동아일보 등의 자칭 보수 언론은 기본이고, 한겨레신문과 경향신문과 오마이뉴스 같은 타칭 진보 언론들 또한 결코 다루지도, 보도하지도 않을 게 빤하기 때문이었다. 2017년의 대한민국에서는 보수 언론 기자들도 진보 매체 종사자들도 전부 앞의 6이 아닌 뒤의 238에 포함될 것이 분명한 까닭에서다.

어디 기자들뿐이겠는가? 피디도, 아나운서도, 인터넷 포털 사이트의 뉴스 서비스 관리자들도 죄다 강남 8학군 출신의 금수저 일색일 나라에서 '보수도 강남, 진보도 강남'의 구도를 절묘하게 창출해 내 자기들끼리 다 해먹는 철저한 독식 구조를 지속적으로 확대재생산해 온 탐욕스러운 강남 패권의 실체를 일반 국민들에게 생생하게 실감시켜 줄 수도 있을, '6 : 238'의 서민들 혈압 올리기에 딱 좋은 숫자가 신문지상과 텔레비전 뉴스 화면과 포털 사이트 메인 페이지에 오를 리 만무하지 않나?

대부분의 종합 일간지들에는 기자들이 겪은 소소한 일상의 느낌을 가벼운 필체로 기록해 놓은 말랑말랑한 수필 종류의 꼭지가 하나씩은 마련되어 있다. 이러한 꼭지들에서 강북 서민층이 실생활에서 통상적으로 이용하는 버스나 지하철 등의 대중교통과 관련된 얘기들을 하는 기자들은 하나같이 나이든 기자들이다. 나이 들어 논조는 보수적일망정, 현재는 강남으로 이사를 갔을지언정 그들은 평범한 강북 서민 동네의 기억과 경험을 공유하는 집단이다.

이와는 대조적으로 젊은 기자들이 쓰는 글에는 대중교통에서의 일화들이 좀처럼 등장하지 않는다. 왜일까? 이들이 바로 '언론계의 정유라'라고 일컬을 8학군 기자들인 탓이다. 나고 자라는 과정에서 일 년 동안 전철과 버스를 타 본 횟수가 강북 서민들이 일 년 동안 지내는 제사 횟수와 크게 차이가 나지 않을, 상봉동과 구파발보다는 뉴욕과 LA에 더 자주 가 봤을 금수저 기자들 말이다.

웃기면서도 슬픈 대목은 8학군 기자들일수록 기사에서 어려운 사회과학 이론이 난무하며, 외국의 이름난 석학들의 주장이 빈번히 인용되고는 한다는 점이다. 비유하자면, 집과 가까운 강남 번화가의 스타벅스 카페에서 『체 게바라 평전』을 읽던 유복한 가정의 소위 명문대 재학생들이 몇 년 뒤 기자가 되어 역시나 똑같은 그 카페에서 회사가 지급해 준 노트북 컴퓨터를 갖고서 한국 진보 진영의 과제와 미래를 논하는 심층 기사를 작성하고 있는 셈이다.

해외 유명 석학의 동정에 밝은, 난해한 사회과학 이론을 줄줄이 꿰차고 있는 이 똑똑하고 스펙 화려한 8학군 기자들이 모르고 있거나, 혹은 모르는 척하고 있는 금단의 숫자가, 비밀의 숫자가, 불가촉의 숫자가 다름 아닌 '6 : 238'이다. 단군 이래 가장 진보적 정권이었다는 참여정부 집권 4년차에 서울대 입시 관문을 통과한 중랑구와 강남구의 신입생 비율이 '6 : 238'이 아니라 '66 : 178'만 되었어도 조선일보와 중앙일보와 동아일보와 한겨레신문과 경향신문과 KBS와 MBC와 SBS와 TV조선과 채널A와,

그리고 JTBC의 기자들 가운데 상당수는 지금 다니고 있는 회사에 입사하지 못했을 듯하다. 아니, 현재 근무하는 회사는 물론이고 그들이 졸업한 대학에도 아예 들어가지 못했을 가능성을 전적으로 배제하기 힘들다.

참여정부는 단군 이래 반만 년 한국 역사에서 최고로 진보적인 정권이었다고 한다. 나는 그렇게 판단하지 않으나 방금 전에 열거한 언론사들이 모두들 그렇게 평가한다. 그게 대한민국의 주류 언론이 만들어 낸 주류 여론이다. 그럼에도 나는 욕먹을 각오로 묻고 싶다. 저 극악한 전두환 독재 정권이 폭압적 철권통치를 마구 자행하던 5공 시대에도 중랑구에서 서울대에 고작 6명이 갔었느냐고? 만약 전두환 때도 참여정부 때처럼 강남에서 238명이 서울대에 가고, 중랑구에서는 6명이 갔다면 내가 나쁜 놈임을, 죽일 놈임을 흔쾌히 인정하고야 말 것이다.

'6 : 238'의 진보정권 2

"끔찍하다!" 내가 잘 알고 있는 어느 아기 엄마가 '6 : 238'의 통계 숫자를 받아 들고서 내뱉은 외마디 비명 비슷한 반응이었다. 그는 서울의 전형적 서민층 주거지인 노원구 월계동에 살고 있다.

정의당 노회찬 의원의 말을 약간 각색해 인용하자면 지리적 거리에서도, 심리적 거리에서도, 사회경제적 거리에서도 노원구와 중랑구 사이에는 샛강보다도 좁은 중랑천이 흐르고, 중랑구와 강남구 사이에는 드넓은 한강이 흐른다. 강북의 평범한 가정주부들에게 강남구에서 무려 238명이 서울대에 갈 때 중랑구에서는 겨우 6명이 간다는 이 충격적 결과를 보여준다면 백이면 백 앞에서 언급된 어느 아기엄마와 똑같은 반응을 나타낼 것이 틀림없다. 금세기 들어 출산율이 아무리 크게 줄어들었다고 해도 중랑구에 있는 고등학교 숫자가 6개교는 더 될 것이 분명하기 때문이다.

이는 이제 중랑구를 위시한 강북의 평범한 서민 동네에서는 전교 1등마저 서울대에 합격할 수 없다는 뜻이다. 서울대가 순수한 국립대로 남아 있건 아니면 지식인들이 극력 반대하는 법인화가 되건, 서울대의 경쟁력과 서울대생들의 학력이 미국을 대표하는 명문 아이비리그 대학인 하버드와 예일 수준으로 올라서건 아니면 화장실 변기의 물조차 안 나오는 어떤 아프리카 국가의 3류 대학 수준으로 급락하건 강북의 서민 대중들과는 전연 상관이 없는 남의 나라 얘기가 되었다는 의미다. 현재 서민들이 걱정하는 일은, 분노하는 사태는 왜 서민의 자식들은 더 이상 서울대에 갈 수가 없느냐는 점이다.

참여정부가 극단적으로 벌려 놓은 서울 강남북 사이의 학력 격차를 해소하기 위해 이명박 정부와 박근혜 정부도 많은 노력을 기울였다. 엄밀히 말하자면 기울였다고 주장한다. 그래서 어떻게 개선됐느냐고? 2015년에 강남구에서 서울대에 들어간 학생은 참여정부 집권 4년차였던 2006년의 238명에서 10명이 늘어난 248명이었다. 이와 비교해 같은 해 중랑구는 구 전체에서 7명을 국립대학 법인으로 전환한 서울대에 입학시킬 수가 있었다.

참여정부 당시의 비율을 준거로 삼으면 중랑구에서 서울대 신입생이 1명 늘어나면 강남구에서는 40명 가까이 늘어나야만 한다. 고작 10명이 증가했으니 이걸 이명박 정부와 박근혜 정부의 치적이라면 치적이라고 터무니없이 통 크고 후하게 평가해 줄 수도 있으리라. 참여정부도, 이명박 정부도, 박근혜 정부도 그 본바탕에서 다 똑같은 강남패권 정권이었음을 드러내는 참담하고 부끄러운 사회 지표다.

그런데 여기서 우리가 결코 간과하지 말아야 할 함정이 하나 있다. 소위 지역 균형 선발 제도다. 학력이 떨어지는 낙후된 지역과 계층의 학생들에게 미국의 '소수자 우대 정책(Affirmative Action)'을 본떠서 대학입시 전형에서 특혜나 가산점을 부여해 주는 제도다. 만일 이 제도가 시행되지 않았다면 중랑구에서 단 한 명도 서울대에 가지 못했을 수도 있었다고 생각하니 갑자기 모골이 송연해진다.

나야 실제로 공부를 못 해서 또는 안 해서 서울대를 못 간 경우다. 허나 전국 어느 고등학교를 가도 반에서 상위권에 속하는 학생들은 정말 다들 공부를 열심히 한다. 가령 중랑구의 전교 1등과 강남구의 전교 1등을 학생 개인 차원의 태도와 노력만 놓고 본다면 집중력도, 학습 시간도 크게 차이가 나지 않을 게다.

이쯤 해서 강남구가 워낙 큰 행정구라는 강남좌파들 특유의 본질을 흐리는 교활한 변명이 제기될지도 모르겠다. 이따금씩 다녀 보니까 강남이 크긴 크더라. 크니까 사람도 참 많더라. 그래서 강남구 인구는 중랑구의 1.3배에 달하더라. 엄청나다, 1.3배여!

고급 주상 복합 아파트 브랜드인 롯데캐슬의 광고 문구처럼 '지금은 당신이 사는 곳이 당신을 말하는 시대'다. 더 나아가 당신이 사는 곳이 당신을 만드는 시대이기도 하다. 교보문고가 들어서 있는 광화문 교보빌딩에 가보면 '사람은 책을 만들고, 책은 사람을 만든다'는 커다란 글귀가 행인들의 눈에 띈다. 과연 책이 사람을 만드는지는 모르겠다. 다만 이건 확실하다. 21세기 한국 사회에서는 집이 사람을 만든다는 것이.

'당신이 사는 곳이 당신을 만든다'는 가설을 허투루 흘려들을 수만은 없게끔 보증하는 아주 중요한 통계 수치가 있다. 이 역시 최광웅 <데이터 정치연구소> 소장이 내게 알려 준 내용이다. 그의 양해하에 자료를 원문 그대로 공개하도록 하겠다.

'2015년 현재 소득 상위 10퍼센트는 연간 1억 1,685만 원을 벌어들이고, 하위 10퍼센트 소득은 고작 1,285만 원으로 격차는 9.1 대 1이다. 하지만 자녀의 학원 교육비는 연간 421만원여 원 대 32만여 원으로 그 격차는 13 대 1로 더욱 벌어진다.'

중랑구에서 서울대를 6명 보낼 때 서울대에 238명을 보낼 수 있는 강남의 저력과 비결은 더도 덜도 아닌 사교육의 힘이었고, 돈의 힘이었다. 강남 학생들이 특별히 공부를 잘하는 이유? 다른 것 없다. 집이 부자라서 그렇다. 집이 학교를 결정하고, 다음에는 학교가 집을 결정하며, 집이 학교를 다시 결정하는 식으로 거의 무한대로 반복되는 구조적 악순환의 고리를 깨뜨리는 것이 21세기에 접어선 지도 어언 열일곱 번째 해를 맞이하는 대한민국의 핵심적 개혁 과제이자, 구시대 적폐 청산의 요체다. 왜냐? 강북과 강남은 주소지의 차이를 낳는 데 머물지 않고 계급의 차이를 낳고 있기 때문이다. 공든 노력을 부질없음으로 만들어 버리는 불공정하고 불평등한 작금의 한국 사회의 모순의 중심에는 바로 강남이 먹성 좋은 능구렁이같이 똬리를 틀고 있기 때문이다. 아버지 주방에서 닭 튀기시고, 어머니 홀에서 서빙하시는 대다수 평범한 청년들로부터 꿈과 희망을 앗아가는 주범이 다름 아닌 강남의 파렴치하고 무분별한 돈질이기 때문이다.

문제는 강남이 그저 돈밖에 모르는 속물적인 부자 동네의 지위를 뛰어넘어 도덕적 명분과 정치적 정당성까지 공짜로 '득템' 하도록 방조 내지 유도한 정권이 하필이면 참여정부였다는 것이다. 단군 이래 가장 진보적이었다는 칭송을 받고 있는 참여정부가 대한민국이 계급으로 갈리고, 신분으로 나뉘는 헬조선으로 뒷걸음질을 치는 결정적 계기를 마련했으니 참으로 역설적이라고 하겠다.

'6 : 238'의 진보정권 3

"염병하네!" 박근혜 정권의 비선 실세로 장기간 암약하며 국정 농단을 주도한 강남아줌마 최순실 씨가 박영수 특검에 출두하면서 본인의 억울함을 호소하자 특별검사 사무실이 입주해 있는 건물의 청소부 아주머니가 최씨를 향해 일갈했다는 속 시원한 세칭 사이다 발언이다.

저녁에 집으로 들어가다가 아파트 현관에 쌓인 노원구 소식지를 보자마자 청소부 아주머니의 돌직구성 발언이 나도 모르게 입에서 튀어나왔다. 노원구청이 발행하는 타블로이드 판형의 12쪽짜리의 소식지에 적힌 문구를 보고서였다.

"헌법적 가치가 실현되는 노원구를 다함께 만들어 가겠습니다."

헌법적 가치가 실현되는 노원구가 어떤 곳인지에 관한 자세한 설명은 구청 소식지, 아니 홍보지에 자세히 적혀 있지 않았다. 대한민국 헌법 제1조와 제2조가 큰 제목 밑에 달려 있었을 뿐이었다.

① 대한민국은 민주공화국이다.

② 대한민국의 주권은 국민에게 있고, 모든 권력은 국민으로부터 나온다.

생각해 보니 '염병하네!'는 너무 심한 반응으로 여겨져 나는 수위를 조절했다.

"그래서 어쩌라고?"

그의 본의가 뭐였든 내 부아를 돋우고 만 지금의 노원구청장은 전형적인 출세한 586 정통 운동권 출신 엘리트다. 출세한 586 정통 운동권 출신 엘리트의 필수 코스라고 할 참여정부의 청와대 참모를 당연히 지낸 그는 나와는 특별한 관계도, 악연도 없다. 실제로 만나 본 적도 없고.

그럼에도 내가 노원구 소식지에 짜증이 확 나 버린 결정적 까닭은 노원구청 소식지의 발행인인 현재의 노원구 구청장이 노원구 주민의 대다수를 차지하는 서민 대중의 실제적 삶과는 안드로메다은하만큼이나 동떨어진 생각과 인식을 하고 있음을 간접적으로 확인한 데 있었다.

'도봉구에서는 노원구로 하루라도 빨리 빠져나갈 궁리만 해. 노원구에서는 강남과 상대적으로 가까운 광진구로 하루라도 빨리 빠져나갈 궁리만 해. 광진구에서는 강남 외곽이라도 좋으니 강 건너 강남구로 하루라도 빨리 빠져나갈 궁리만 하고.'

몇 년 전 서울시민들을 상대로 현재의 주거 환경에 대한 의식과 만족도를 조사해 보니 이러한 결과가 나왔다고 한다. 문재인 대세론을 만들어 내고 있는, 참여정부 향수론을 유포시키고 있는 여러 크고 작은 여론조사 업체들에서는 절대로 조사하지도, 공표하지도 않을 민감하고 인화성 강한 내용이다. 왜냐고? 강남권에 집중적으로 몰려 살고 있는 대한민국의 지배 계급은 강남 개발을 시발점으로 해서 지독한 계급 사회로 변해 버린 1천만 서울시가 '시민들 사이의 자유롭고 평등한 공동체'라는 허구적 연대감에 영원히 '평화롭고 질서정연하게' 갇혀 있기를 원하기 때문이다. 참여정부 집권기인 2006년 기준으로 중랑구에서 서울대를 겨우 6명 보낼 때, 중랑구보다 인구는 고작 1.3배 많은 강남구에서는 40배 가깝게 많은 238 명이 서울대학교에 가고 있다는 소름끼치는 사실이 널리 알려져 강북의 서민 대중들이 자신의 이해와 요구에 부합하는 정치적 판단과 선택을 하는 순간, 문재인 대세론과 참여정부 최고존엄 성군설은 흔적조차 없이 사라져 버릴 것이 명약관화하기 때문이다.

노원구는 별나고 외딴 동네가 아니다. 강북의 평균적 현주소이고 대표적 자화상이다. 서울 강북 지역의 현직 국회의원과 지방의원들과 구청장들의 대부분은 현재의 노원구청장처럼 정통 운동권 출신의 엘리트들이다. 소속 정당과 정파를 불문하고 그들은 현재를 과거에 무릎 꿇려야 한다는 공감대를 완벽히 형성하고 있다. 운동권으로 한때 고생했었다는 과거로 엘리트라는 화려하고 안락한 현재를 교묘하고 능글맞게 은폐하고 있는 것이다.

운동권 출신이든, 고시 출신이든 엘리트는 본색이 엘리트다. 인민을 기만하고, 민중을 착취해 부귀영화를 오래도록 누리는 것이 동서고금을 아우르는 모든 기득권 엘리트들의 공통된 소망이고 목표다. 미국 대선에서의 도널드 트럼프의 대역전승에는, 영국의 유럽연합 탈퇴(Brexit) 국민 투표에는 위선적이고 탐욕스러운 기득권 엘리트에 대한 피지배 계급의 억눌려 온 분노와 폭발하는 저항 의지가 담겨 있다.

헌법적 가치가 실현되는 노원구? 그렇다면 당장 노원구청장을 탄핵해야만 한다. 어디 노원구청장 한 명뿐이랴? 도봉구청장도, 강북구청장도, 중랑구창정도 전부 남김없이 탄핵되어야 한다. 강남구와 서초구와 송파구를 제외한 서울시의 구청장 전원이 직무가 정지되어야 한다. 그들은 대한민국의 주권은 강남 사람들에게만 있고, 모든 권력은 강남 3구에서만 나오는 위헌적 상황을 무책임하게 수수방관한 채 국민들의 혈세로 조성된 월급과 수당과 판공비를 악착같이 챙기며 자기들의 권익만을 집요하게 추구해 온 이유에서다.

'6 : 238'의 진보정권 4

　　　　　　문재인 세력, 즉 친문 세력은 정치적 반대
자들로부터 '영남패권주의자들'이라는 비판을 받고는 한다. 친문 세력은
자신들의 정치적 반대파를 '호남토호'라고 공격하기 일쑤다. 참여정부가
밀어붙인 민주당 분당과 열린우리당 창당에서 비롯된 백바지와 난닝구의
감정적 대립이 십 수 년이 경과한 현재까지도 여전히 이어져 온 탓이다.

　2016년 4월에 치러진 20대 총선에서 제3당인 국민의당이 호남 지역구
들을 석권하다시피 하고, 더불어민주당이 영남권에서 약진하면서 한국
정치의 고질병이었던 지역 대결 구도는 차츰 완화되는 것처럼 보인다. 정
치학자와 선거 전문가들 사이에서는 우리나라 정치가 건전하고 성숙한 정
책 경쟁이 이뤄지는 단계로 비로소 나아가기 시작했다는 낙관적 전망이
점점 더 세를 얻어 가는 중이다.
　영남패권주의자 백바지와 호남토호 난닝구는 박근혜 대통령의 헌법 유
린과 최순실 일당의 국정 농단 사태가 백일하에 드러나면서 한결 그 중요
성과 당위성이 더해진 정권 교체의 목표와 사명 앞에서 드디어 역사적 화
해를 이룩할 것일까?
　우리가 주목해야 할 점은 진골 영남패권주의자와 진짜 호남토호는 과연

누구냐는 것이다. 21세기가 막을 올릴 무렵부터 대한민국에서는 사회 각 분야에서 성공을 거둔 사람들이 공통적으로 하는 일이 생겨났다. 그것은 강남에 집을 사는 일이다. 성공한 연예인도, 성공한 운동선수도, 성공한 관료도, 성공한 법조인도, 성공한 기업인도, 심지어 '성공한 학자와 성공한 언론인과 성공한 지식인마저도 '기승전강남'이라는 투로 결국 하는 일이 강남에 집을 마련하는 것이다. 연예인 누구와 운동선수 모씨가 강남에 빌딩을 샀다는 흥밋거리 뉴스도, 국회 인사 청문회에 출석한 고위 공직 후보자가 알고 보니 강남에 아파트가 몇 채더라는 기자의 비분강개한 보도도 성공한 한국인의 증표가 강남 부동산이 되어 버린 세태가 낳은 촌극이라고 하겠다.

영남패권주의자도, 호남토호도 강남 부동산 쇼핑 대열에서 예외가 아니다. 성공한 영남패권주의자는 영남에 거주하지 않는다. 강남 금싸라기 땅의 번듯한 건물주일 그들이 왜 굳이 영남에 내려가 살겠는가? 성공한 호남토호는 호남에 있지 않다. 강남의 고급 주상복합 아파트에서 생활한다. 이들 모두 영남패권주의자기에 앞서, 호남토호이기 전에 돈 많은 강남 부자다.

최근 국민의당에 합류한 손학규 전 경기도시자는 한국 사회의 3대 패권으로 영남패권, 강남패권, 386패권을 지목했다. 손학규 씨가 언급한 3대 패권 세력을 동등한 지위라고 보기는 어렵다. 영남패권과 강남패권과 386패권의 3대 패권 세력 내부에도 명확한 서열과 위계가 필시 존재할 것이기 때문이다.

손학규는 "권력 서열 1위는 강남이다"라고 시원하게 일갈하고 싶어서 어쩌면 입이 근질근질했을지도 모른다. 성공한 영남패권주의자와, 이제는 586으로 나이와 함께 기득권 또한 한층 업그레이드된 성공한 386들

거의 전부가 서울 강남권에 살고 있는 까닭에서다. 새는 두 날개로 날듯이, 강남패권은 영남패권을 우익으로, 386패권을 좌익으로 하고서 거침없이 비상하고 있다. 박근혜 대통령 탄핵은 강남패권 안에서 영남패권의 상대적 비중은 낮아지면서, 386패권적 요소는 보다 강화될 것임을 예고해 주는 사건이었다. 강남패권의 왼쪽 날개를 담당한 386패권 세력이 다름 아닌 강남좌파로 불리는 집단이다.

　재벌은 패권 세력이 기업을 근거지로 하는 경우다. 군벌은 패권 세력이 군부를 근거지로 하는 경우다. 족벌은 패권 세력이 가문과 혈족을 배경으로 하는 경우다. 학벌은 패권 세력이 특정한 학교를 배경으로 한 경우다. 강남패권이 국민들의 눈에 잘 포착되지 않는 원인은 강남패권이 거주지를 근거지로 생겨난 비교적 신흥 패권 세력이기 때문이다. 똑같이 특정 지역을 근거지로 하는 패권 세력일지라도 영남패권이 태어날 때의 출생지를 공통분모로 삼는 것에 반해서, 강남패권은 현재의 거주지를 공통분모로 삼는다. 유의해야 할 부분은 강남패권이 점차 영남패권을 닮아 간다는 사실이다. 8학군 기자와 8학군 교수와 8학군 판검사들은 강남이라는 지역 자체가 거주지인 동시에 출생지인 이유에서다.

　그렇다면 강남패권과 영남패권의 본질적 차이는 어디에 있을까? 강남패권의 뿌리는 당연히 영남이다. 서울과 수도권의 다른 모든 지역과 달리 오직 강남만은 영남 출신이 주민의 다수 구성원을 차지한다. 경상도 사투리가 유일하게 공용어 비슷한 역할을 하는 곳이 바로 강남이다.
　이와 같은 유사성에도 불구하고 강남패권과 영남패권을 구분하는 결정적 변별점이 있다. 영남패권의 근간은 육사와 서울법대의 결합을 뜻하는 육법당이 휘두르는 적나라한 물리적 폭력이었다. 때로는 돈이 주먹을 대신하기도 했다. 허나 폭력이든, 법이든, 돈이든 영남패권은 이탈리아의 정치사상가 안토니오 그람시(1891~1937)가 제시한 강제의 범주를 결코 벗어나지 못했다.

그람시는 지배 계급이 안정적이고 지속적인 권력 기반을 확립하려면 강제의 계기와 폭력의 장치에만 맹목적으로 의지해서는 곤란하다면서 민중의 자발적 동의를 이끌어내야 한다고 그의 필생의 역작인 『옥중수고』에서 날카롭게 꿰뚫어본 바가 있다.

강남패권은 영남패권이 끝내 이루어 내지 못한 민중의 자발적 동의를 성공적이고 효과적으로 만들어 냈다. 주먹과 돈, '무전유죄 유전무죄'를 대뜸 연상시키는 영남패권과는 확연히 다르게 강남패권은 이른바 학벌의 외피로 스스로를 완벽히 포장했다. 비유하지면 영남패권주의자였던 아버지 세대에는 돈으로 완력 센 깡패를 고용했다면, 자식 세대인 강남패권에 이르러서는 손자의 스펙 쌓기를 위해 돈으로 고가의 족집게 과외 선생을 초빙하는 식이다.

우리는 힘센 놈 앞에서는 고개를 숙인다, 억지로. 우리는 똑똑한 놈 앞에서도 고개를 숙인다, 자발적으로. 강남패권은 자기를 똑똑한 놈으로 만드는 데, 정확히 표현하자면 똑똑한 놈처럼 보이게끔 만드는 데 확실히 성공함으로써 강고한 헤게모니 체제를 구축했다. 한 구에서 6명을 서울대 보내는 중랑구민이 한 구에서 238명을 서울대학교에 합격시키는 강남구민 앞에서 저절로 기가 죽게 만드는 것이 강남패권의 기본적 작동 방식이다. 이렇게 '소리 없이 강한' 통치 체제 아래에서는 과거처럼 무리하게 공수부대를 출동시키고, 시끄럽게 구사대를 동원할 필요가 전혀 없다.

영남패권이 단순한 쪽수의 우위에 바탕해 유지됐다면, 그 때문에 무지막지한 폭력에 의존해야만 했다면, 강남패권은 피지배 계급의 자발적 복종을 끌어내는 최적의 수법인 학벌로 단단히 무장함으로써 효율적이고 경제적인 지배 메커니즘을 완성시킨 셈이다. 겉으로는 대단히 합리적이면서도, 실제로는 몹시 잔인한 이 통치 체제는 단군 이래 가장 진보적이었다는 참여정부 집권기에 절정의 위세를 뽐냈다.

'6 : 238'의 진보정권 5

　　　　　　　중랑구에서 달랑 6명이 서울대에 들어가
고, 강남구에서는 238명이 무더기로 서울대학교에 입학한 2006년은 참
여정부가 집권 4년차에 접어든 때였다. 역산하자면 참여정부가 출범한
2003년도에 고등학교 1학년이었던 학생들이 06학번이 되어 대학에 진학
했다는 뜻이다.

　강남과 강북의 격차가 천양지차로 벌어진 일을 참여정부 책임이라고만
생각하기는 물론 어렵다. 무엇보다도 계급에 따라 거주지가 나뉘는 사태
는 이른바 신자유주의 광풍이 몰아친 이후로 거의 전 세계적 현상이 되었
기 때문이다. 한국 언론의 외신면에 빈번히 등장하고는 하는 '미국의 8학
군', 또는 '베이징의 강남' 식의 보도가 단순히 독자들의 이해를 돕기 위
한 자극적 비유만은 아닌 이유다.

　내 페이스북 친구이기도 한 이준민 시인은 『눈물에도 계급이 있다』는
제목의 시집을 2014년도에 펴냈다. 내가 사람들이 흘리는 눈물을 일일이
찍어 가며 맛보지는 않은 터라 정말로 그런지는 모르겠다. 다만 확실한 사
실은 눈물은 어떨지 몰라도, 현대 한국 사회에서는 한 사람의 주소지에 그
인간의 계급적 성격이 100퍼센트 담겼다는 점이다. 마르크스가 생존해

활동한 19세기의 대영제국에서 생산수단의 소유 여부가 계급을 갈랐다면, 21세기의 대한민국에선 어느 구에 사느냐가 계급을 판별하는 핵심적 잣대가 된다.

만약 내 주장이 의심스러운 분들은, 특히 청춘 남녀들께서는 당장 내로 라하는 결혼 정보 회사들에 회원으로 한 번 가입해 보시라. 주소지를 기준으로 신랑감의 등급과 신붓감의 점수가 확연히 달라진다. 적나라하게 표현하자면 월계동 사는 총각이 대치동 사는 미혼녀와 연결될 확률은 이인제 부류의 자유한국당 소속 대선 주자들의 여론조사 지지율과 막상막하의 프로테이지일 게다.

나는 강북의 서민층 청년들이 광화문 촛불집회처럼 강남좌파들이 주도하는 이런저런 행사들에 열심히 참여하는 심리적 동기를 근자에 이르러서야 비로소 뚜렷이 이해하게 되었다. 강북 서민 대중의 자제들은 그런 곳들에 가서야만 진짜 강남 사람들이 어떻게 생겼는지 비로소 멀리서나마 구경할 수 있기 때문이다. 서울대 로스쿨 교수의 간판을 달고 있는 모씨 같이 짱짱한 강남 도련님들을 강북의 평범한 청년들이 촛불집회 같은 곳을 빼면 마주칠 일도, 만나 볼 건수도 가히 전무하다시피하다. 유럽의 하층 계급 청년들이 자신의 비참한 현실을 잠시 잊고자 발로 축구공을 찬다면, 한국의 하층 계급 젊은이들은 자신의 비참한 현실을 잠시 잊으려고 손에 촛불을 켜든다. 문제는 힘차게 축구공을 찬다고, 얌전히 촛불을 든다고 계급으로 갈라진 불평등 사회가 계급 없이 평등한 사회로 환골탈태할 리는 전혀 없다는 데 있다.

대학 4년은 우리나라에서 계급 없는 사회를 경험할 수 있는 사실상 유일한 기회였다. 대학 캠퍼스가 본인이 속하지 않은 계급의 사람들을 가까이에서 대등한 입장으로 대면할 수 있는 유일무이한 공간이었다는 의미다. 개천에서 용을 나게 하는 자수성가의 계층 이동의 기능, 곧 사회적 유동성의 제공은 실제로는 별로 중요한 사명이 아니었다. 한국에서 대학의 진정으로 중요하고 본질적인 역할은 다른 계급들 간의 대화와 소통과 이해가 가능하도록 이끌어 주는 시쳇말로 화합의 한마당 구실을 오랫동안 해 주었다는 것이다.

　2015년 현재 자녀의 학원 교육비로 지출하는 돈은 소득 상위 10퍼센트가 연간 평균 421만여 원이라고 한다. 하위 10퍼센트 계층은 그 13분의 1에 지나지 않는 평균 32만 원선에 불과하다. 누구나 쉽게 짐작하고 있겠듯이 실제로는 차이가 훨씬 더 클 것이다. 왜냐고? 여기에서의 통계는 학원비만을 계산에 포함한 연유에서다. 가난한 집에서는 학원이 사교육의 전부다. 하지만 부잣집에서는 학원은 사교육의 극히 일부를 차지할 뿐이다. 경제가 나빠진 작년과 올해는 양자의 격차는 더욱더 커졌을 것이 뻔하다. 서민 가정에서 수입이 줄면 제일 먼저 줄이는 비용이 아이들 학원비인 탓이다. '돈도 실력이다'라는 정유라의 말이 근거 없이 나온 허풍만은 아니다.

　학교의 교장 선생님은 졸업장을 주는 사람이고, 학원의 원장 선생님은 입학증을 주는 사람이다. 이것이 불평등의 온상이, 불공정의 산실이 되어 버린 대한민국 교육의 참담하고 엽기적인 현주소다. 정유라 씨의 "돈도 실력이니, 돈 없는 너희 부모를 원망하라"는 뇌까림에 강북의 서민 대중들은 가슴에 피멍이 들었을 것이다. 강남 부자들은 가슴이 뜨끔했을 것이다. 정유라가 강남과 강북에서 동시에 욕을 먹는 배경이다. 강남북을 오랜만에 하나로 대동단결시킨 것이 박근혜 대통령과 최순실 씨 모녀의 유일한 공적이라고나 할까?

과거에는 경북고 혹은 경남고를 졸업하고 서울법대를 나오는 것이 한국의 정통 엘리트 족보였다. 현재는 경북고와 경남고 학벌이 군림하던 자리를 강남의 특목고들이 꿰찼다. 이 정도야 우스개로 보아 넘길 일일 수도 있다.

허나 전국의 가난해도 머리 좋은 수재들에게 서울법대는 열심히 노력하면 갈 수 있는 '노력의 보상'과 같은 곳이었다. 반대로 지금은 열심히 노력해도 도저히 내 힘으로는 갈 수 없는 곳이 되고 말았다. 나와 비교해 최소 13배나 더 많은 돈을 사교육비로 아낌없이 펑펑 쓰면서 압도적인 물량 공세를 펼치는 상대를 무슨 수로 이기겠는가? 웬만한 대형 연예 기획사들마다 공부는 진즉에 아예 포기한 채 연예인을 지망하며 밤새워 춤추고 노래하는 강북 출신의 십대 청소년 연습생들이 넘쳐 나는 배경이다.

설상가상으로 몇 년 지나지 않아 서울법대는 서울대 로스쿨로 완전히 바뀔 것이 분명하다. 서울대 법대와 달리 서울대 로스쿨은 수억 원대에 달하는 엄청난 학비를 너끈히 감당할 경제력이 전제되어야만 다닐 수 있는 전형적인 귀족 학교다. 참여정부가 다른 개혁 입법은 다 서둘러 포기했어도 로스쿨 관련법만은 악착같이 살려낸 것을 생각하면 나는 강북의 서민층 동네들에서는 총선이든, 대선이든, 지방선거든 더불어민주당 후보들에게는 단 한 표도 주지 말아야 한다는 확신을 더욱더 굳히게 된다. 강북에 살면 삼성은 들어갈 수 있어도, 로스쿨은 들어갈 수 없는 상황이 되어버렸으니 우리나라에서 스스로를 진보 진영의 일원으로 자처하는 인사들은 입이 열 개라도 더는 삼성을 감히 욕할 수가 없으리라.

이 대목에서 나는 불현듯 호기심이 발동했다. 2006년도에 서울대에 들어간 6명의 중랑구 학생들의 이후 진로에 대해. 요즘 청년들의 취업난이 워낙 심각해지다 보니 서울대 졸업생들조차 9급 공무원 시험에 응시했다는 뉴스가 심심찮게 전해진다. 그런데 9급 시험을 친 서울대 졸업생이 강남에서 나고 자란, 아버지 판사하시고 어머니 성악하시는 8학군 금수저는 아무래도 아닐 것 같다면 강북과 강남의 계급적 불평등에 내가 너무나 민감한 탓일까?

'6 : 238'의 진보정권 6

　　　　　　　　　　자식을 서울대에 보내는 것은 우리나라에
서 모든 부모들의 소망이라고 해도 과언이 아니다. 서울대에 들어가면 출
세와 성공이 거의 자동으로 보장되어 왔기 때문이다. 9급 공무원이 안정
된 직업이기는 해도 입신양명한 경우로 분류되지는 않는다. 그 좋다는 서
울대를 나왔으면서도 9급 공무원 시험에 응시한 청년들에게는 저마다의
말 못 할 사연이 있으리라.

　서울대의 힘은 '서울대=수재'라는 대중의 인식에서 나온다. 대다수 일
반 국민이 '서울대=돈'이라고 생각하는 순간 여태껏 서울대가 누려온 명
성과 권위의 9할은 허공으로 산산이 날아갈 것이 분명하다. 정운찬 전 국
무총리도 아마 이런 사태를 매우 염려했을 것임에 틀림없다. 그가 서울대
총장으로 재임하면서 '지역균형 선발제도'를 강력히 밀어붙인 것은 서울
대의 명성과 권위를 지키기 위한 안간힘이었다.
　정운찬의 회심의 기획은 과연 성공했을까? 당연히 실패했다. 재벌이든,
학벌이든, 군벌이든 그 힘의 원천은 독점과 폐쇄성에서 비롯된다. 독점하
지 않고 골고루 나눠 갖는 집단은, 폐쇄적이지 않고 활짝 개방된 조직은
더는 벌족閥族이 아니다. 전문 경영인 체제가 정착된 삼성은 더는 재벌이

아니고, 출신지와 상관없이 육사생도 전원을 회원으로 받아들이는 하나회는 더는 군벌이 아니며, 부모의 직업이 뭐든 열심히 공부해 들어갈 수 있는 서울대는 더는 학벌이 될 수가 없다. '서울대 망국론'이 그것을 주장한 논자들의 기대와 달리 여론의 호응을 크게 얻지 못한 주된 원인은 서울대학교는 노력하는 자에게 열려 있는 개방된 공간으로 국민들에게 오랫동안 각인되어 온 데 있다.

서울대를 강남 부유층의 대학에서 대한민국 국민 모두의 대학으로 되돌리려던 정운찬 전 서울대 총장의 야심찬 시도는 서울대의 8학군 일색화 추세를 반전시키기는커녕 오히려 애꿎은 피해자만 엉뚱하게 양산하고 말았다. 지역 균형 할당제로 서울대에 들어간 학생들이 동료 학생들로부터 '지균충'이라고 손가락질당하며 공공연히 왕따를 당했다고 한다. '학우'는 고사하고 인간 이하의 징그러운 버러지 취급을 받았다는 뜻이다.

혐오스러운 상대방을 벌레로 비하해 부르는 것은 지금은 매우 흔한 일이 되었다. 일베충이 대표적 사례다. 하지만 같은 학교에서 동문수학하는 동료 학생을 개돼지조차 못 되는 한낱 벌레로 부르는 행동은 사람의 탈을 쓰고서 차마 할 수 있는 짓이 아니다.

미러링 *Mirroring*은 상대가 즐겨 구사하는 수법으로 상대에 맞서는 전략을 가리킨다. 눈에는 눈, 이에는 이의 맞대응이다. 그런데 우리는 지역 균형 선발로 들어온 학생들이 '지균충'으로 불린다는 소리는 들어 봤어도, 값비싼 사교육의 혜택을 듬뿍 받은 덕분에 시험 점수가 잘 나오는 학생들을 '사교육충'으로 비난한다는 소리는 아직 듣지 못했다. 일반적인 군사적 공성전에서는 성 밖의 사람들이 성 안 사람들을 공격하지만, 사회적 농성전에는 성 안의 특권층이 성 밖에 무방비로 고립 분산되어 있는 민중을 습격하는 법이다. 따라서 세상을 바꾸겠다는 인물들은, 사회를 개혁하겠다는 세력들은 성 안과 성 밖을 가르는 성벽을 허물어야 한다. 또는 성 밖의 사람들과 연합해 성을 함락시켜야 한다. 그것만이 바로 폐쇄적이고 독점적인 벌을 깨는 길이다.

사회가 불평등하고 불공정해지면 사회는 그 즉시 발전을 멈추고 퇴보하기 마련이다. 교육 분야도 예외가 아니다. 그러므로 학생들의 학력을 끌어올리는 단연 확실한 방법은 스스로의 힘으로 열심히 공부하는 학생이 좋은 대학에 들어가게 만드는 것이다. 아니, 그것만으로는 근본적으로 부족하다. 출신 대학에 관계없이, 혹은 대학을 나왔건 나오지 않았던 간에 성실히 땀 흘려 노력하는 사람들이 출세하고 성공하는 풍토를 조성하면 대한민국은 자연스럽게 선진국으로 도약할 수 있다. 노력의 크기와 결과물의 크기가 정확히 일치할 때 경제 성장도 있고, 사회 진보도 가능하다.

정치인은 학벌을 고민하는 사람이다. 학력을 고민하는 과제는 교사와 교육감이나 교육부 공무원 같은 교육 종사자의 몫이다. 여기에서 안철수 의원은 완전히 헛다리를 짚으며 발이 크게 꼬였다. 그가 학벌이 아니라 학력을 고민의 우선 순위에 올린 탓이었다. 학제를 어떻게 개편한들, 취학 연령을 앞당겨 아이들을 더 일찍 초등학교에 입학시킨들 중랑구에서는 6명이 서울대를 가고, 강남구에서는 서울대에 238명이 합격하는 기울어진 운동장 구조는 하등 변하지 않는다. 외국어 전문가 양성하라고 설립을 인가한 대원외고가 전국에서 제일 많은 판사와 검사를 배출하는 비정상은 결코 정상화되지 않는다.

반대로, 학제 개편한다고 호들갑을 떨면 강남 학생들의 명문대 싹쓸이는 되레 더 극심해질 것이 자명하다. 적응에는 시간과 함께 돈이 필요한 까닭에서다. 단언하건대 변화된 학제에도 서울 강남권 학부모들이 우샤인 볼트를 연상시키는 초고속 스피드로 일등으로 적응하리라. 안철수의 대선 후보 여론조사 지지율이 한 자릿수를 답답하게 맴도는 데는 다 그럴 만한 이유가 있다.

단도직입적으로 물어보자. 강북의 평범한 서민층 거주 지역에 살고 있는 학부형들이 분노하는 문제는 비싼 사교육을 마음껏 받을 수 있는 강남 아이들에게 일방적으로 유리한 입시 제도로 말미암아 내 자식이 서울대에 들어가지 못한다는 사실이다. 서울대생들이 하버드대와 케임브리지대의, 동경대와 북경대의 또래의 대학생들보다 학업에 덜 내진하는 것이 걱정서리가 아니다.

인간은 자신과 연관된 일을 분노하고 걱정하게 되어 있다. 어차피 내 자식은 가지도 못할 서울대의 경쟁력과 면학 분위기를 강북의 평범한 학부모들이 고민할 이유도, 근심해 줄 필요도 없는 것이다. 안철수는 혹 강북의 서민층 엄마아빠들이 단체로 성불이라도 하길 바라는가?

'6 : 238'의 진보정권 7

예전에 전북대 강준만 교수가 방대한 조사에 기초한 냉철한 분석력을 자랑해 온 평소의 그답지 않게 한바탕 신세타령을 풀어 놓은 적이 있었다. 강 교수가 학벌 타파를 아무리 힘차게 외쳐도 반향과 파장이 미미한 것은 순전히 그가 서울대를 나오지 못한 탓이라면서 어렸을 적에 열심히 공부하지 않은 것이 지금에서야 후회된다는 투의 한 서린 푸념이었다.

그래서 개혁 중에서 단연 위력적이고 효과적인 개혁이 위로부터의 개혁이다. 피터대제가 아니었으면 러시아의 근대화는 신속히 성취될 수 없었다. 메이지 천황을 앞세웠기에 일본의 메이지유신이 가능했다. 총수인 이건희 회장이 총대를 메고 나선 덕분에 삼성의 신경영이 일정한 성과를 거두었다. 대중이 강남좌파에 대한 환상에서 깨어나지 못한 것도 강남좌파들이 위로부터의 개혁을 실천해 줄 것이라는 일말의 기대 심리가 여전히 남아 있어서이다.

학벌 타파와 교육 개혁은 안철수 의원의 개혁가로서의 의지와 역량을 평가할 수 있는 중요한 시금석이었다. 서울대학교 의대를 우수한 성적으로 졸업한 안철수는 한국 교육의 표준적 엄친아다. 그가 학벌 타파를 뚝심 있게 밀어붙여도, 돈이 점수를 낳고 점수가 다시 돈을 낳는 잘못된 교육현실에 전쟁을 선포해도 공부 못 하는 열등생의 콤플렉스의 발로라고 논점을 흐리며 수구 기득권 집단이 그의 발목을 붙잡고 늘어질 수가 없기 때문이다.

그럼에도 안철수는 학벌 타파와 교육 개혁에 의미 있는 노력과 열의를 보여 주지 않고 있다. 대신에 그는 학제 개편이라는, 조기 취학이라는 아리송한 해법을 들고 나왔다. 격화소양, 신발 신고 발등 긁는 격이다. 대증요법, 암환자에게 파스 붙여 주는 식이다. 국민들이 무엇을 걱정하고, 무엇 때문에 고통을 받고 있는지에 대한 치열한 성찰과 진지한 고민이 안철수에게는 아직도 부족해 빚어진 결과다.

정치인 안철수가 서울 강북에 둥지를 튼 지 벌써 만으로 4년이 되어간다. 안철수가 정치에 입문하면서 표방한 '새정치'의 궁극적 목표는 계파의 이익과 패거리의 패권을 위해 존재해 온 낡은 기득권 구태 정치를 서민 대중의 이해와 요구를 대변하는 새로운 생산적 정치로 확실히 바꿔 나가는 데 있었다. 서울 강북은 그와 같은 새정치의 가치를 실천하고 구현하는 일에는 최적지였다. 중랑구에서 겨우 6명이 서울대를 가고, 강남구에서는 무려 238명이 서울대학교에 무더기로 입학해도 교육부 장관실로 용감하게 쳐들어가 장관의 멱살 한 번 잡는 정치인이 단 한 명도 없는 사실상의 8학군 정당이, 국정 감사에서 서울대 총장을 증인으로 출석시켜 서울대의 '특목고생 페티쉬'를 매섭게 질타하는 국회의원이 완전히 씨가 마른 정신적인 강남당이 열린우리당을 전신으로 하는 현재의 더불어민주당이었다.

어디 그뿐이랴. 강북과 강남의 심각한 경제적 불평등에 대해서도 더불어민주당은 한사코 뻔뻔스럽게 모르쇠로 일관하고 있다. 나는 최광웅 <

데이터정치연구소> 소장이 정리한 자료를 읽다가 하도 분통이 터진 나머지 나도 모르게 모니터를 주먹으로 칠 뻔했다. 한 대밖에 없는, 그것도 지인으로부터 협찬 받은 피 같은 모니터를….

[강남구 테헤란로에 위치한 역삼세무서는 역삼1 · 2동과 도곡 1 · 2동 등 4개 동을 관할한다. 2015년 현재 인구 13만 명으로 전국에서 가장 아담한(전국 대비 비중 0.25퍼센트) 세무서이다. 하지만 근로소득세는 7,107억 원이 걷혀 2.5퍼센트를 점유했다. 인구 비중 대비 열 배나 걷힌 것이다.

동대문세무서는 동대문구와 중랑구 전역을 담당하는 꽤나 큰 세무서다. 관할 인구는 77만 4천 명이다. 그런데도 근로소득세는 겨우 1,590억 원이 걷혔다. 따라서 중랑구와 동대문구 주민들은 역삼동 · 도곡동보다 인구가 5.9배 이상 많지만 근로소득(배당, 이자소득 등등 제외)만 4.5배나 적은 것이다. 이것이 바로 강–남북간 교육 불공평의 첫 번째 원인이다.]

우리나라에서 불우이웃 돕기는 상대적으로 제일 적게 하면서도, 탈세는 제일 많이 하는 곳이 강남이다. 따라서 납세액을 기준으로 삼아서는 강남과 강북의 실제 자산 격차와 소득 차이를 제대로 정확히 드러내지 못한다. 강북 서민의 소득은 유리지갑처럼 세무서에서 다 훤히 파악하고 있는 데 반해서 강남 부자들은 별의별 기기묘묘한 방법을 동원해 세금을 탈루해 왔기 때문이다.

현실은 어떠한가? 더불어민주당의 공천권을 야금야금 장악한 강남좌파들의 위세가 두려워 강남패권의 ㄱ자도 꺼내지 못하는 더불어민주당의 새 가슴 국회의원들과 지방의원들과 구청장들은 더 이상 언급할 가치조차 없으리라. 그냥 그렇게 비굴하게 정치 생명을 연장하다가 흙 덮고 조용히 자는 것이 그들의 운명, 아니 팔자다.

안철수는 달라야 마땅했다. "집권하면 과외를 비롯한 일체의 사교육을 전면적으로 금지시키겠다"는 사이다 발언하면 표 떨어지는가? 사교육 종사자들은 어차피 대부분 문재인 편이다. 내로라하는 입시 학원의 원장들과 대치동의 유명 강사들이야말로 참여정부가 급팽창시킨 사교육 시장의 기린아들이다. 참여정부와 사교육은, 친문 세력과 입시 산업은 악어와 악어새와 관계다. 안철수가 사교육에 철퇴를 기하겠다고 선언하면 올 표는 있어도, 떠날 표는 없다.

참여정부 최고존엄은 행정 수도를 충청권으로 이전하겠다는 행정 수도 공약을 발표함으로써 그의 말처럼 2002년 대통령 선거에서 쏠쏠한 재미를 보았다. 안철수는 강남에 있는 관세청과 특허청을 왜 강북으로 옮기겠다는 대담한 발상을 어째서 못 하는가? 관세청과 특허청이 강북으로 옮겨오면 그에 따라 수많은 세무사 사무실과 변리사 사무실도 강북으로 옮겨오게 된다. 강북 자영업자들도 이제 돈 잘 버는 강남 세무사와 변리사들 상대로 밥도 팔고, 술도 팔아 보자.

우리의 통념과 달리 정의감이 용기를 가져오지는 않는다. 관심이 용기를 부른다. 나는 월계동에 노인들만 사는 줄 알았다. 알고 보니 젊은이들도 꽤 많이 거주하더라. 그들 가운데 상당수는 강남에 일터가 있다. 작금의 세계는 총성 없는 일자리 전쟁 중이다. 도널드 트럼프는 미국의 일자리를 지키려는 목적으로 멕시코와의 국경에 21세기판 만리장성을 쌓는 일을 불사하고 있다. 그가 전 세계에서 얻어먹는 욕의 팔 할은 미국의 일자리를 지키기 위해 몸부림치는 과정에서 생겨난 일종의 영광의 상처다. 강북의 일자리를 만들고 지키기 위해 강남 8학군 금수저 기자들로부터 기사와 사설과 칼럼으로 매일 두들겨 맞는 의롭고 기개 있는 강북 정치인은 도대체 왜 등장하지 않는가?

실상은 참혹하다. 강북의 그 어떤 국회의원도, 지방의원도, 구청장도 강북에 일터를 만들기 위해, 일자리를 창출하기 위해 '투쟁' 하지 않는다. 그들은 강북 지역이 강남 경제의 번영에 필요한 양질의 저렴한 노동력을 끊임없이 제공하는 서울 안의 제3세계쯤으로 나날이 추락하는 사태를 그저 강 건너 불구경하듯이 심드렁하고 천연덕스럽게 수수방관하고 있을 따름이다.

강북의 제3세계화를 앞장서 촉진한 정치 집단이 또다시 정권을 잡을 기세다. 대부분의 강북 유권자들은 그 정치 집단에게 금년 대선에서 표를 찍어 줄 전망이다. 그리고 그들은 몇 년 후에는 "강북을 강남처럼 만들겠다"고 호언장담하는 제2의 이명박을 압도적으로 밀어 줄 것이 명약관화하다.

참여정부2와 MB정부2 사이를 시계추처럼 영원히 왕복하면서 강북은 모든 영역에서 나날이 쇠락할 개연성이 짙다. 스스로를 표 찍는 기계로 전락시킨 영혼 없는 유권자들이 치러야 할 안성맞춤의 대가인지도 모른다. 그 영혼 없는 유권자들에게 잠시 희망고문을 가한 다음 슬그머니 사라질 안철수 또한 강북을 제3세계화시킨 책임에서 결코 자유롭지 않으리라.

'6 : 238'의 진보정권 8

　　　　　　　　　　월계동에 위치한 구립 도서관의 층계참에
서 잠시 창밖을 바라보니 소방서 건물 너머로 가로로 기다란 현수막 하나
가 막바지 겨울바람에 조금씩 위아래로 흔들리는 광경이 눈에 들어왔다.
인덕대학교 정문 앞에 자리한 인덕마을의 재개발 공사가 본격적으로 시작
되면서 이 조용했던 주택가에도 강제 철거를 둘러싼 시비가 벌어졌고, 이
시비는 종국에는 법정에서 가려지게 된 모양이다.

　붉은색 바탕에 굵은 하얀 글씨체의 모양만으로도 나는 철거 현장을 빙
둘러싼 높은 임시 외벽에 누가 이 현수막을 게시했는지를 충분히 짐작할
수 있었다. 분명 철거민 측에서 이 현수막을 붙였을 터이나, 현수막 서너
개로 중단될 재개발 공사는 대한민국에 없다. 건설 회사도, 철거 용역업
체도 무수한 공사들을 맡아 오면서 이미 충분한 맷집과 내성을 키웠을 것
이기 때문이다. 재개발에 찬성한 주민들은 이 맷집과 내성을 믿고서 재건
축 조합을 결성해 사업을 밀어붙였으리라.

　나는 금년 늦봄이나 초여름에 월계동을 떠날 예정인 까닭에 이 분쟁의
결말을 끝까지 확인하기는 힘든 입장이다. 허나 결말이 어떻게 판가름 나
든 인덕마을 재개발은 건설사의 내성과 용역업체의 맷집에 유혹되어 재개

발 계획에 덜컥 동의해 주었을 동네 사람들에게 기쁨보다는 실망을 안겨 줄 가능성이 크다. 서울 강북 지역이 단지 아파트가 모자란 탓에 강남의 식민지 비슷한 처지가 된 것은 아닌 이유에서다.

몇 년 전에 텔레비전 뉴스를 시청하다 보니 서울에서 공동 주택 거주자 비율이 가장 높은 지역이 노원구더라. 외국의 사례를 들자면 루마니아의 독재자 차우셰스쿠는 도미노같이 연쇄적으로 무너진 동유럽 사회주의권 붕괴의 여파로 몰락하기 바로 직전까지도 전국 도처에 열심히 아파트를 지었더랬다. 짓다가 만 흉물스러운 거대한 고층 아파트들은 차우셰스쿠 정권이 남긴 구시대의 적폐로 서방 언론의 집중적인 조롱과 질타를 받아야 했다. 당시 공사가 중단된 아파트들이 지금은 어떻게 되었는지 모르겠다. 우리나라 관광객들은 동유럽 여행 가면 된장 냄새 진동하는 허영심 가득한 인증샷이나 쓸데없이 찍지 말고 이런 것 좀 조사해 오면 안 되나? 진짜 살이 되고, 피가 될 소중한 교훈일 텐데.

인덕마을의 재개발 공사 폭행 사건은 관할 법원인 서울 북부지방법원에서 한창 재판이 진행 중일 것으로 보인다. 그런데 내가 정말 궁금한 부분은 재판 결과가 아니었다. 서울 북부지원의 젊은 초임 판사들 가운데 서울 강북에서 성장한 판사가 과연 몇이나 될지였다. 왜냐? 참여정부 집권 4년차인 2006년도에 중랑구에서 서울대학교에 6명이 가고, 강남구에서는 서울대를 238명이 갔다는 소리는 그로부터 십여 년이 지난 현재 중랑구에서 6명의 판검사나 6명의 대형 로펌 변호사나 6명의 외교관이나 6명의 경제 관료나 6명의 대기업 직원이나 6명의 박사(미래의 대학교수)나 결정적으로 6명의 신문사 기자나 6명의 방송국 피디를 배출할 때, 강남구에서는 238명의 판검사나 238명의 대형 로펌 변호사나 238명의 외교관이나 238

명의 경제 관료나 238명의 대기업 직원이나 238명의 박사(미래의 교수)나 결정적으로 238명의 신문사 기자나 238명의 방송국 피디를 배출한다는 뜻이기 때문이다.

나는 글에 숫자를 많이 나열하는 것을 좋아하지 않는다. 그럼에도 마치 엑셀 프로그램으로 돌린 계산값을 읊어 대듯이 장황하게 수치를 제시해 놓았다. 독자들이 강남과 강북의 계급적 격차가 신분 질서의 차이가 얼마나 크고 심각한지를 좀 더 생생하게 체감하도록 만들기 위한 나 나름의 처절한 몸부림이자 얄팍한 잔머리다.

저 비교에서 확인할 수 있는 사실은 강남 사람들이 강북 사람들을 재판할 일은 있어도, 강북 사람들이 강남 사람들을 재판할 일은 거의 없으리라는 점이다. 법도 결국에는 인간이 만들고 다룬다. 판검사로 임용되고 나서야 강북의 평범한 서민 동네에 생전 처음으로 와 봤을 8학군 금수저 출신의 판사와 검사들이 강북에서 발생한 이런저런 사건들의 저변에 깔린 깊은 의미와 복잡한 배경을 이해하기는 어렵다. 그들은 철저히 법조문에 의거해 기소하고 판결할 뿐이다. 우리는 안다. 법은 강자의 편이라는 것을. 법의 집행과 판결은 물론이고 정책 결정도, 사건의 보도도, 사회적 구조와 현상의 학문적 평가와 정리도 철저하게 강남 금수저들이 독점하고 있다. 2006년 서울대에 입학한 238명의 강남 기득권 엘리트들 틈바구니 속에서 6명의 정의로운 강북 엘리트가 군계일학으로, 일당백으로 고군분투하며 그들의 뿌리인 서민 대중의 이해와 요구를 대변해 줄 수 있을지도 모른다. 하지만 우리는 안다. 238명 사이에 낀 6명은 머잖아 238명의 세계관과 가치관에 철저히 동화되고 동조한다는 것을.

서울에서 제일 먼저 지하철이 끊기는 노선은 1호선이다. 문제는 1호선이 운행하는 동네들이 경제적으로 단연 낙후된 지역이라는 데 있다. 상식적으로 판단하자면 심야의 택시비 부담을 버겁게 느끼기 마련인 저소득 계층이 거주하는 동네에 가장 늦게까지 대중교통이 운행해야만 정상이다. 이 당연한 명제는 여전히 실현되지 않고 있다. 핑계는 다양하다. 1호선은 코레일, 즉 옛 철도청 소관이기에 어렵다는 것이 전형적 변명이다. 그런데 언제부터 대한민국의 국가 체세가 그렇게 경제 논리에 충실하게 과학적으로 운영돼 왔나?

우리는 안다. 서울 북부인 월계동과 창동으로 향하는 1호선 전철을 평일에 한 시간 더 연장 운행하도록 하는 일에 관심을 가진 공무원과 기자와 교수는 아무도 없다는 것을. 한국의 공무원과 기자와 교수는 1호선 전철이 운행하는 곳에 살지 않는다. 물론 아주 이따금씩 '방문'하기는 한다. 언제? 선거 때만.

'6 : 238'의 진보정권 9

미국은 인종차별이 격심한 나라다. 그것을 입증하기 위해 쿤타킨테가 족쇄를 차고서 백인 농장주에게 가죽채찍 맞아 가며 목화 농장에서 고된 노예노동을 하던 시절까지 '뿌리'를 파고들 필요는 없다. 역대 미국 대통령 중 흑인 대통령은 버락 오바마 단 한 명뿐이라는 사실을 상기하는 걸로 충분하다.

미국이 신생 국가라고 하지만 독립전쟁의 영웅인 조지 워싱턴이 초대 미국 대통령으로 선출될 때는 조선에서 정조 임금이 나라를 다스릴 무렵이었다. 그 오랜 세월 동안 단 한 명의 흑인만이 미국 대통령이 되었다. 그나마 그 흑인 대통령조차 백인 어머니에게서 태어난 절반의 백인이었다. 금년 1월에 미국 대통령에 취임한 도널드 트럼프까지 셈에 넣으면 건국 이래 총 45명의 인물이 아메리카 합중국의 최고 통치자를 지냈다. 흑인이 비록 미국에서 소수 인종이기는 해도 전체 인구에서의 점유율이 2~2.5퍼센트 사이는 훨씬 더 넘는다. 보통 12~13퍼센트 가량이라고 한다.

물론 인종 차별 못잖게 여성 차별 또한 심각하다. 우리가 자신 있게 예측할 수 있는 부분은 미국 최초의 여성 대통령은 흑인 여성이 아니라 백인 여성일 것이라는 점이다. 우리나라에서 새로 임용된 판검사의 상당수를 여성이 차지했는데, 그 여성의 대다수는 강남 8학군 여학생들이지, 강북의 평범한 서민 집안의 딸들은 아닌 세태와 마찬가지라고 해야 한다. 여풍이라고? 여풍은 강남에서만 부는 바람일 뿐, 강북의 여성들은 여전히 무풍지대에 남아 있다.

미국에서는 백인 대통령이 40명이 나와야 흑인 대통령이 한 명쯤 나온다. 그럼에도 미국이 미래와 희망이 있는 사회인 까닭은 흑인 대통령의 비율이 앞으로 점점 높아질 것임이 틀림없다는 데서 비롯된다. 차별과 격차를 두 축으로 하는 불평등에 관한 한 한국은 미국에 비해 희망도, 미래도 없다. 마국에는 백인 대통령이 40명 나올 때 흑인 대통령이 1명 나오는 사태에 분노하는 사람들이 그래도 많다. 심지어 북한 김정은만큼이나 지구촌 전 세계인들의 심심풀이 땅콩이 된 트럼프조차 불평등은 나쁘다는 얘기를 한다.

어디 대통령뿐이랴? 백인 주지사가 40명 나올 때 흑인 주지사가 1명 나오면, 백인 대법관이 1명 나올 때 흑인 주지사가 1명 나오면, 백인 상원의원이 40명 나올 때 흑인 상원의원이 1명 나오면, 백인인 CNN 뉴스 앵커가 40명이 나올 때 흑인인 CNN 뉴스 앵커가 1명이 나오면 공화당과 민주당, 진보와 보수를 막론하고 즉시 난리가 난다. 의회 청문회가 연달아 열리고, 언론의 집중 보도와 심층 탐사가 이어진다. 미국 본토는커녕 미국 문화원 한 번 가 보지 않은 나 같은 정신적 대원군마저 훤히 꿰차고 있는 일이다.

한국은 참 대단한 나라다. 단일민족의 신화가 무섭긴 무섭다. 엄연히 존재하는 사회적 계급을 마치 없는 것처럼 민중을 속여 넘기는 용도로는 단일민족의 신화처럼 유용한 도구도 드문 연유에서다.

인종 문제를 방치해서는 안 되는 이유는 인종이 계급으로 직결되기 쉬운 데 있다. 미국에서의 피부 색깔 역할을 한국에서는 거주지의 주소가 대신한다. 거주지가 다르면 계급도 달라진다는 뜻이다. 만약에 강남구 사람들과 중랑구 사람들이 평등하다면 강남구와 중랑구에 거주하는 엘리트들의 머릿수 역시 비슷해야만 한다. 평균적인 강북의 서민층 거주 지역인 중랑구에서 서울대를 6명 갈 때 강남구에서 서울대를 238명 진학한다는 것은 단순히 이른바 명문대생의 많고 적음을 의미하지만은 않는다. 중랑구와 서울대의 엘리트 숫자도 그만큼 확 차이가 남을 가리킨다. 무섭고 끔찍한 일이다.

나는 월계동을 소재로 정치 이야기를 자주 해 왔다. 그러다 문득 조금씩 걱정이 들기 시작했다. 앞으로 누군가 월계동을 소재나 배경으로 하는 사회과학 연구를 수행하면 검색되는 데이터의 절반이 나라는 특정한 개인과 연관될지도 모르기 때문이다. 나의 지극히 주관적 체험이 월계동 주민 전체의 보편적 경험으로 오해될 지경으로 월계동에는 사회적 발언을 자주 행하는 사람이 몹시 드물다. 엘리트와는 거리가 멀어도 한참 먼 내가 월계동을 소재나 배경으로 삼은 자료의 50퍼센트를 생산할 판국이면 월계동과 견주어 별다른 변별력과 수월성이 없는 서울 여느 강북 지역의 황량하고 무기력한 실상을 익히 짐작할 수가 있으리라. 그곳에는 입이 있어도 말할 수 있는 사람이 없고, 손이 있어도 기록할 수 있는 사람이 없다. 권력은 말하는 자의 것이고, 기록하는 자만이 사회적 영향력을 행사할 수 있는 법이거늘….

엘리트에게는 세 가지 차원의 권력이 있다. 첫째는 돈이고, 둘째는 발언권이며, 셋째는 인맥이다. 돈과 발언권과 인맥을 소유한 사람들이 몰려 사는 동네가 돈도 없고 발언권도 없고 인맥도 갖지 못한 사람들이 모여 사는 동네를 지배하게 되는 것은 당연하다. 여기에서의 당연은 도덕적 층위의 당연을 말하지 않는다. 정치학적 당연함을 함의한다.

엘리트를 다수 배출한 백인은 다수의 엘리트를 배출하지 못한 흑인들을 오랫동안 지배해 왔다. 엘리트를 다수 배출한 영남은 다수의 엘리트를 배출하지 못한 호남을 오랫동안 지배해 왔다. 엘리트를 다수 배출하는 강남은 엘리트를 거의 배출하지 못하는 강북을 앞으로 오랫동안 정신적, 물질적 양면 모두에서 확고하게 지배할 것이다.

강남이 강북을 지배하는 현상이 단연 흥미진진하면서도 착잡하게 빚어지는 곳은 다름 아닌 현재의 더불어민주당이다. 우리는 더불어민주당이 아니라 바른정당이나 자유한국당이 강남당이라는 착각에 빠지고는 한다. 그러나 자유한국당이나 바른정당은 강북을 실효적으로 지배해 오지는 못했다. 최순실 패거리의 국정 농단 사건과 박근혜 탄핵 국면에서 새누리당이 분열해 태어난 이 두 당이 '드러난 강남당'인 탓이다.

우리는 사기꾼 같이 생겨먹은 사람에게는 사기를 좀처럼 당하지 않는다. 대개의 사기꾼들은 선해 보이는 인상과 예의바른 행동을 특징으로 한다. 그래야 결정적 순간에 피해자의 뒤통수를 칠 수가 있다. 더불어민주당은 겉보기에는 멀쩡한 강북당처럼 생겼다. 한마디로 '드러나지 않은 강남당'이다. 강북의 유권자들을 지능적으로 현혹시키기에 최적화된 구조로 진화했다. 선거 때마다 강북의 지역구들을 싹쓸이하다시피 하는 더불어민주당 소속의 국회의원과 지방의원과 구청장들은 이 당을 강북당처럼 보이게 만들어주는 원인이자 결과다.

그런데 더불어민주당은 분명히 강남당이다. 특히 참여정부 시기에 완벽한 강남당이 되었다. 정당의 가장 중차대한 의사결정 작업인 공천 과정이 철저하게 강남 엘리트들의 통제 아래 놓였기 때문이다. 강남 사는 신문사 기자들과 방송국 피디들이 더불어민주당 정치인들에 대한 대중의 평판과 인식을 좌우하고, 강남 사는 교수와 지식인들이 더불어민주당의 공천에 심사위원 자격으로 관여하거나 공천 룰을 정하기 일쑤며, 더불어민주당 정치인들이 불법을 저지를 경우 강남 사는 판사와 검사들이 그들을 기소하고 재판한다.

즉 강북의 유권자들은 4년이나 5년 중 단 하루만 더불어민주당 정치인들의 생사여탈권을 쥐게 된다. 불완전하게! 반면에 강남 엘리트들은 4년이나 5년 중 단 하루만 빼고 나머지 모든 날들에 걸쳐 더불어민주당 정치인들의 생사여탈권을 쥐고 있다. 완전히. 나는 문재인과 안희정과 이재명의 더불어민주당 지지자들 사이의 지지율 차이는 강남의 부유한 엘리트들이 이 세 사람에 대해 지닌 호감도의 크고 작음과 정확히 비례한다고 판단하고 있다.

그런 맥락에서 문재인 전 대표가 1천 명의 교수를 싱크탱크에 모은 것이 중요하지 않다. 안철수 의원이 6백 명의 전문가를 자문단으로 꾸린 것이 중요한 것이 아니다. 핵심은, 관건은, 요체는 1천 명의 문재인 지지 교수들 가운데, 6백 명의 안철수 지지 전문가들 중에 과연 몇 명이나 강남에 살지 않느냐는 것이다.

나는 참여정부 집권 4년 차인 2006년에 서울대에 입학한 중랑구 입시생의 숫자와 강남구 입시생의 숫자를 대조해 산출한 비율이 문재인 지지 교수들 가운데, 안철수 지지 전문가들 중에 강북 사람과 강남 사람의 비율일 것이라고 생각한다. 대략 1 : 40. 강북과 강남의 계급 차별이 해소될 가망이 지금으로서는 전혀 보이지 않는 근본적 원인이다.

'6 : 238' 의 진보정권 10

　　　　　　　　신천 먹자골목 근처에서 월세를 살 즈음의 일화다. 여의도에서 볼일을 마치고 지하철 9호선에 탑승해 집으로 돌아오는데 전동차 안에서 무슨 문제인가를 골똘히 고민하느라 주의력이 산만해진 나머지 원래 목적지였던 종합운동장역보다도 한 정거장 앞인 봉은사역에서 실수로 중도 하차하고 말았다.

　이왕 잘못 내린 김에 역사 안을 잠깐 구경하기로 마음먹었다. 입이 딱 벌어졌다. 나는 신천에 살기 전에는 노량진에서 오랫동안 거주해 왔다. 노량진에도 9호선이 다니기는 한다. 하지만 같은 9호선이라도 차이가 확연하다. 봉은사역은 실로 예술의 전당이었다. 윤기가 좔좔 흐르는 최신식 에스컬레이터에 고급스럽게 보이는 실내 장식까지. 서울에 있는 돈이란 돈은 이곳에 다 쏟아 부은 듯싶은 느낌이었다.

　9호선은 민자, 즉 민간 자본으로 건설한 지하철이라고 해서 이런저런 뒷이야기가 무성하다. 확실한 점은 돈은 돈 냄새가 풍기는 곳을 찾아온다는 거다. 한마디로 돈이 돈을 부른다.

　2017년 2월의 마지막 날, 나는 돈 냄새와는 거리가 먼 서울 강북 지역의 1호선 전철역의 계단을 막 걸어 내려가려던 참이었다. 여의도로 향하는 9호선으로 환승할 수 있는 노량진역까지 여유 있게 앉아 가려면 옛날 성북역으로 불렸던 광운대역에서 수원 방면 전철을 타야 한다. 1호선 특유의 퀴퀴한 냄새를 피하는 데에도 수원(혹은 서동탄)행 전동차의 출발지점인 광운대역을 이용하는 것이 상책이다.

2층 역사 건물에서 1층의 승강장으로 내려가려는데 아기 엄마 한 명이 공익요원 한 명과 함께 유모차를 손으로 들어 옮기려 하고 있었다. 정식 유모차는 자체의 무게만도 만만치 않게 나간다. 더욱이 스스로 계단을 오르내릴 수가 없는 아기까지 좌석에 앉아 있으면 아기 엄마 혼자서 유모차를 옮기기란 사실상 불가능하다. 내가, 내 부재 시에는 아내가 아기가 탄 유모차를 자주 계단으로 옮겨 봐서 안다.

나 역시 아기 키우는 처지인 터라 그냥 못 본 체하고 지나치기가 양심에 찔려서 아기 엄마를 대신해 공익요원과 나란히 유모차를 옮겼다. 감사해하는 아기 엄마에게 "저도 애만 한 애가 있습니다"라는 짤막한 말을 답으로 갈음해 줬다.

내가 인정 넘치는 인간임을 의도적으로 강조하고자 하는 얘기기 아니다. 공익요원도 없고, 동병상련의 감정을 가진 성인 남자도 없었으면 혼자 발을 동동 굴렀을 아기 엄마의 심정이 되어 보니 갑자기 성질이 뻗쳐서 하는 소리다.

분통이 터진 이유는 뻔하다. 승강기와 에스컬레이터는 기본이고 화려한 실내 장식까지 덤으로 완비된 강남의 최신식 지하철역과 거동이 불편한 교통 약자들을 위한 필수 시설인 승강기 공사를 이제야 요란하게 진행하고 있는 강북의 낡은 전철역이 자동으로 비교가 되어서다. 같은 서울 하늘 아래에서 그야말로 비교 체험 극과 극이 따로 없다. 장마철만 되면 무수한 강북 전철역들의 승강장 곳곳은 양동이들이 여기저기 놓여 승객들의 발길을 가로막는다. 천장에서 새는 빗물을 받으려는 임시방편의 고육지책이다. 고급진 미술품과 싸구려 바께쓰가 공존하는 서울의 대중교통망. 이보다 초현실적일 수는 없다. 1천만 서울시민들 정신분열증 걸리기에 딱 알맞다.

　나는 지하철역을 아낌없이 돈 처발라 비까번쩍하게 만들어 놓은 강남의 지역구 국회의원들과 지방의원들과 구청장들을 나무랄 생각은 추호도 없다. 그들은 자신이 해야만 할 일을 악착같이 잘해 냈을 따름이다. 반면에 4차 산업혁명이 수시로 거창하게 운위되는 이 개명한 인권 중시 시대에 비새는 전철역을, 승강기도 없는 전철역을 그대로 태연히 배짱 좋게 방치해 놓은 서울 강북의 간 큰 지역구 국회의원들과 간 큰 지방의원들과 간 큰 구청장들은 아무리 욕을 바가지로 처먹어도 결코 지나치지 않다고 믿는다.
　강남의 지역구 국회의원들과 지방의원들과 구청장들은 정말 열심히 일해야 한다. 그들이 게으름을 피우면 그 광경이 텔레비전 뉴스와 중앙 일간지에 즉시 보도될 위험성이 매우 큰 탓이다. 강남에는 강남에 지역구를 가진 국회의원과 지방의원과 구청장들의 잘못을 언제라도 신문지상과 방송 화면으로 보도하고 고발할 수 있는 신문사 기자와 방송국 피디들이 수두룩하게 살고 있다. 비단 신문사 기자뿐이랴. 오피니언 리더로 행세하는 유명 대학 교수와 유명 작가와 유명 지식인과 심지어 소위 파워 트위터리안들의 대다수도 강남 부자 동네의 값비싼 집에 산다.

　서울 강북은 지역구 정치인들 입장에서는 그야말로 이방원의 「하여가」를 마음 놓고 노래할 수 있는 천국 같은 곳이다. 만수산 드렁칡처럼 얽혀

천년만년 권세를 누릴 수 있는 장소인 까닭에서다. 왜냐? 강북의 지역구 국회의원과 지방의원과 구청장들의 태만과 무능을 효과적으로 견제하고 감시할 '보는 눈'이 없는 덕분이다. 아니, 설령 보는 눈이 있다 한들 뭐 하겠는가? 무능함을 널리 까발리고 태만함을 호되게 질책할 신문사 기자와 방송국 피디와 유명 대학 교수와 유명 작가와 유명 지식인이 진즉에 깡그리 씨가 말랐는데….

견제구를 날려줄 사람들이, 매의 눈으로 지겨볼 사람늘이 사라진 곳에서 지역구 정치인과 지방의원과 구청장은 무소불위의 토호 권력으로 군림할 수 있는 발판이자 지름길이다. 광운대역에서 아기 엄마 홀로 낑낑대며 힘겹게 유모차를 옮기는 장면이 하다못해 종편 뉴스에라도 한 번 보도되었으면 내가 2017년 2월 마지막 날에 목격한 열불 나는 사건은 아예 원천적으로 일어나지 않았을 것이 틀림없다.

분하고 원통하게도 나는 강북의 지역구 국회의원과 지방의원과 구청장들을 그들을 선거에서 뽑아 준 유권자들의 눈치를 끊임없이 보는 유능하고 성실한 인물들로 갈아치울 힘이 없다. 강북의 집권 여당인 더불어민주당의 공천권은 강북의 전철역이 어떻게 생겨 먹었는지도 모를, 반대로 뉴욕의 지하철 노선과 LA의 고속도로망은 제 손바닥 위를 들여다보듯 소상하게 알고 있을 강남좌파들이 꽉 틀어쥔 쥐 이미 오래다. 강북에 지역구를 둔 더불어민주당 소속 국회의원과 지방의원과 구청장들은 가까운 동네 민심이 아니라 강 건너 압구정동과 대치동의 여론을 살피느라 온몸의 촉각을 곤두세우고 있는 셈이다.

생각해 보니 내가 할 수 있는 일이 한 가지는 존재한다. 지난 십여 년 동안 공릉동에서 표를 받아 국회의원도 되고, 구청장도 된 사람들의 실명과 소속 정당을 기록하는 것이다. 광운대역의 부끄럽고 열악한 실상이 물론 오롯이 그들만의 책임은 아니리라. 허나 나라의 최종 책임자는 대통령이 듯이, 지역의 최종 책임자는 해당 지역의 국회의원과 자치단체장이다. 박근혜가 대한민국의 최종 책임자로서 세월호 침몰 참사에 대해 마땅한 응분의 책임을 져야 하는 것처럼, 내가 지금 나 나름의 사초에 기록해 놓으려는 공릉동에서 표를 받아 간 정치인들도 저 도도한 4차 산업혁명 시대에 교통 약자들을 편안하고 안전하게 승강장까지 직행할 수 있게끔 해 주는 변변한 엘리베이터 한 대 없는 광운대역의 처참한 현실에 대해 마땅한 응분의 책임을 져야만 옳다.

정봉주 : 17대 국회의원 (열린우리당/현 더불어민주당)
현경병 : 18대 국회의원 (한나라당/현 자유한국당)
이노근 : 19대 국회의원 (새누리당/현 자유한국당)
고용진 : 20대 국회의원 (더불어민주당)
이노근 : 노원구청장 (2006~2010년/국회의원 이노근과 동일 인물)
김성환 : 노원구청장 (2010년~현재까지/더불어민주당)

이들 가운데에는 공릉동이 자리한 노원구를 떠난 사람도 있고, 여전히 노원에서 활동 중인 사람도 있다. 팟캐스트와 방송 등을 종횡무진 누비며 이름을 날리는 사람도 있고, 현재는 어디에서 뭘 하는지 행방이 묘연한 사람도 있다. 그럼에도 한 가지 본질적 공통점은 강북의 돈 없고, 힘없고, 이름도 없고, 인맥도 없는 평범한 서민대중의 표를 받아 출세하고 성공했으면서도 자기들에게 표를 몰아 준 유권자들의 고통과 아픔에 공감하는 모습을 누구 하나 보여 주지 않았다는 데 있다.

이를테면 정봉주 전 의원 같은 경우에는 여기저기 방송 프로그램에 얼굴 내밀 시간은 흘러 넘쳐도, 가끔씩 광운대역으로 찾아와 무거운 유모차라도 대신 들어 줄 시간은 없는 모양이다. 이렇게 받기만 하고 줄줄은 모르는 인사들을 가리키는 전문 용어가 있다. '먹튀' 라고. 정식 방송인으로 기민하게 연착륙하려면 강남 8학군 출신의 유복한 금수서 피디들과 부지런히 교분을 터 놔야 하는 그에게 영광의 금배지를 달아 준 월계동과 공릉동 주민들의 은혜를 잊지 말라고 호소하는 내가 어쩌면 세상물정 모르는 순진한 놈일지도 모르겠다.

'6 : 238'의 진보정권 11

              한 지인의 딸이 서울에 소재한 괜찮은 로스쿨을 졸업하고서 국책 금융기관에 신입 사원으로 취업했다는 소식을 간접적으로 전해 들었다. 나중에 지인을 직접 만나게 되면 금쪽같은 따님을 반듯한 엘리트로 훌륭히 키워 낸 쾌거를 진심으로 축하할 작정이다. 똑같이 딸자식 키우는 입장에서 솔직히 굉장히 부럽다. 지인의 딸이 내 딸보다 최소 스무 살은 더 많을 터이므로 아직은 대놓고 비교할 필요가 없는 것이 다행이라고나 할까.

  지인은 서울 강북의 평범한 서민층 주거 지역에 살고 있다. 흉금을 터놓고 사적인 내용의 대화를 마음껏 나눌 수 있을 정도의 가까운 사이라고 일컫기는 어렵지만, 한국 사회의 이런저런 다양한 문제들에 관한 의견을 서로 허심탄회하게 교환할 수준의 관계는 된다. 나는 축하의 말과 함께 그에게 내 우려를 표명할 심산이다. 지인의 딸이 초심을 지키며 직장 생활을 해 나갈 수 있을지를….

  그의 딸 또한 아버지 같은 강북 사람이다. 지인은 대한민국에서 제일 좋다는 대학에서도 상대적으로 점수가 높고 출세와 성공에 유리하다는 학과를 나왔다. 그의 동기들 중에서 과연 몇 명이나 아직 강북에서 살고 있을까? 더 정확히 말하면 과연 몇 명이나 이른바 '인 강남'을 도모하지 않았을까? 지인은 고교 평준화 제도가 그 나름 효과적으로 시행, 유지되던 시절에 중고등학교를 다녔다. 강남으로의 부와 권력과 사회적 상징자산의 쏠림 현상이 요즘처럼 심각하지는 않은 시대였다.

아버지 세대와 대조적으로 지인의 딸은 중랑구에서 겨우 6명이 서울대에 갈 때 강남구에서는 무려 238명이 서울대학교에 무더기로 합격하는 시대에 청소년기를 보냈다. '트렌드'를 유추해 견적을 내 보자면 오늘날은 지인의 딸 같은 강북 젊은이 1명이 국책 금융기관에 취직할 때 강남 8학군에서 나고 자란 금수저 40명이 국책 금융기관에서 안정된 고소득 직장을 얻는다는 뜻이다.

나는 박근혜 대통령 탄핵 심판이 헌법재판소에서 인용될지 기각될지 모른다. 박근혜 다음에 누가 청와대 주인이 될지 모른다. 그럼에도 한 가지만은 확실히 알고 있다. 박근혜가 탄핵을 당하건 당하지 않건, 정권 교체가 이뤄지건 이뤄지지 않건, 어느 대선 주자가 차기 대통령에 선출되건 상관없이 강남 땅값은 무조건 크게 오를 것이라는 점이다.

근거가 뭐냐고? 강북에서 1명이 로스쿨을 나와 국책 금융기관에 들어갈 때 강남에서는 40명가량이 로스쿨을 나와 국책 금융기관에 들어가는 현재의 불평등한 대한민국 사회 구조가 그 근거다.

물론 40명의 국책 금융기관 신입 직원들 중에는 정의롭고 양심적인 인물이 서너 명쯤은 포함돼 있을 가능성을 배제하기 어렵다. 서너 명의 정의롭고 양심적인 신입 사원은 나라경제야 결딴이 나든 말든 개의치 않고, 서민들의 민생이야 파탄나건 말건 아랑곳하지 않고 강남 땅값만 올릴 수 있는 과제와 시책이면 막가파식으로 밀어붙이려는 조직의 논리와 상부의 지시에 저항할 것이다. 허나 결국 중과부적일 테고, 대한민국 국책 금융기관들은 강남 부동산 가격을 천정부지로 신나게 폭등시키는 작업을 강행할 것이 틀림없다.

이는 우리가 참여정부 당시 이미 치 떨리게 경험한 바이다. 참여정부의 경제 정책을 주도하는 고위 관료들의 거주지가 대부분 서울 강남의 고급 아파트 단지임을 폭로하는 문건도 이 무렵 인터넷을 중심으로 인구에 크게 회자됐었다.

현재는 상황이 오히려 더 나빠졌다. 만에 하나 문재인 전 더불어민주당 대표가 집권해 참여정부 시즌2가 열리고, 강남 집값이 다시 미친 듯이 뛰어올라도 힘센 경제 관료들이 죄다 강남에 산다는 사실을 폭로하는 울분에 찬 블랙리스트는 더는 작성되지도, 유포되지도 않을 것이기 때문이다. 왜냐? 참여정부 때는 강남은 수구 기득권 세력의 아성이었어도 강북에는 김근태로 대표되는 양심적 개혁 세력이 여전히 건재했다. 김근태가 별세한 다음 강남좌파는 욱일승천의 기세로 강북을 정치적 식민지화해 나갔고, 지금은 '보수도 강남, 진보도 강남'인 참담하고 황당한 지경에 이르고 말았다. 그 결과 문재인에게 개헌의 적극적 추진을 요구한 더불어민주당 비문 진영 국회의원들을 음해하는 블랙리스트는 나돌아도, 스스로 강남에 살면서 강남 땅값 높이는 망국적 부동산 투기 조장 정책들을 뻔뻔스럽게 입안해 실행하는 고급 공무원들의 명단이 실린 화이트리스트는 더 이상 만들어지지 않는다.

우리는 국정원장, 검찰총장, 경찰청장, 국세청장 등의 주요 권력 기관 수장들을 영남 출신들이 독식해 온 사태에는 자주, 뜨겁게 분노한다. 그런데 나라의 돈줄을 틀어쥐고 예산 지출을 관장하는 핵심 경제 관료들이 다들 강남에 이웃사촌처럼 끼리끼리 모여 살며 이기적인 사익을 추구하는 세태에는 분노하지 않는다. 덤덤하게 으레 그러려니 하는 반응을 보인다.

심지어 이 나라의 진보 인사들은 전원 집결했다는, 깨어 있는 시민들은 모조리 총동원됐다는 촛불집회에서조차 불의한 강남패권 체제를 성토하는 성난 목소리는 내가 아는 한 이제껏 단 한 마디도 발설되지 않아 왔다.

미네르바의 올빼미는 황혼이 되어서야 비로소 하늘로 날아오른다고 한다. 영남패권에 대한 날선 비판이 이따금씩 제기되는 것은 영남패권주의에 미세하게나마 균열이 가기 시작했다는 증거다. 반내로, 강남 사람들이 '보수도 강남, 진보도 강남'인, '지배 엘리트도 강남, 대항 엘리트도 강남'인 강남패권 체제를 공고히 구축한 현실에 관련해서는 그 수다스럽다는 딴지일보 김어준 총수도, 저 오지랖 넓다는 백낙청 창작과비평 창간인도 여태껏 일언반구가 없다.

이유는 검찰을 보면 잘 알 수 있다. 검찰은 살아 있는 권력에게는 유순한 푸들이 되어 꼬리를 살랑살랑 흔들지만, 죽은 권력에게는 사나운 사냥개가 되어 사냥감이 피투성이가 될 때까지 잔인하게 물어뜯는다. 21세기한국 사회의 소위 비판적 지식인들의 본성과 행태 역시 기존의 부패한 정치검찰과 별반 다르지 않다. 그들은 저무는 패권과 맞닥뜨리는 즉시 매번 궁예 코스프레를 선보이며 철퇴를 휘두르나, 떠오르는 패권과 정면으로 마주할 경우에는 돌연 김혜자로 빙의해 상대를 꽃으로도 때리지 못한다.

'6 : 238'의 진보정권 12
결론: 문재인 정권의 등장과 강남패권의 완성

참여정부 출범 초기에 한국에 심각한 해를 끼치는 신흥 오적五賊으로 지탄받는 집단이 있었다. 삼성, 미국, 서울대, 조선일보, 강남이 그 다섯이었다. 경우에 따라서는 조선일보 대신에 조중동 족벌 신문 3사가 오적의 무리에 들어가기도 했다. 내 기억으로는 조선일보가 이러한 분류법에 강력히 반발하면서 삼성과 미국과 서울대와 강남과, 그리고 자기네 회사가 굳건히 버텨 준 덕분에 대한민국의 건국과 압축적 산업화가 가능했다고 자화자찬 식으로 바락바락 우겼던 듯하다.

참여정부가 역사의 뒤안길로 사라졌어도 오적의 만행과 패악은 여전하다. 박근혜 대통령의 헌법 유린 사태와 최순실 일당의 국정 농단 사건에서 또다시 여실히 드러났듯이 삼성의 고질병인 정경유착 습성은 고쳐질 기미가 없다. 미국은 한반도의 평화의 안정을 수시로 위협하고 있고, 서울대는 평범한 서민 대중의 자식들은 아무리 열심히 밤새워 공부해도 합격하기가 하늘의 별 따기인 귀족 대학이 더욱더 되었으며, 조선일보는 밤의 대통령 자리를 유지하기 위해 핏발 선 선동과 사악한 궤변을 아직도 열심히 일삼는 중이다.

화무십일홍이라고 했다. 열흘 동안 가는 붉은 꽃이 없듯, 영원한 권력 또한 없다. 삼성은 그룹의 실질적 총수인 이재용 삼성전자 부회장이 구속 될 정도로 위세가 약해졌다. 미국의 패권 체제는 중국으로부터의 거센 도 전에 직면했다. 강남의 8학군 금수저들만 가는 대학으로 국민들로부터 완 전히 낙인찍히면서 서울대는 그람시가 강조한 의미의 광범위한 대중적 동 의에 기초한 헤게모니를 예전만큼은 만끽하기 힘든 형편이다. 조선일보 사설의 논조에 정권의 운명과 정당의 존폐가 왔다 갔다 하는 세상은 이미 막을 내린 지 오래다.

그러므로 5적들 중에서 힘이 약해지지 않은 집단은 딱 하나 남았을 따 름이다. 바로 강남이다. 현실은 약해지기는커녕 강남의 힘은 되레 더 막 강해졌다. 문재인파가 장악한 더불어민주당은 통제 불능의 지경으로 강 대해진 강남의 힘이 단연 적나라한 형태로 관철되고 발현되는 공간이다. 단적으로 여론조사 지지율 1위의 대선 주자라는 문재인은 주로 영세한 자 영업자들로 구성됐을 수많은 강북 당원들의 눈치를 보지 않는다. 나는 문 재인 씨가 중요한 정치적 결정을 내리게 될 때 강북의 서민 당원들의 의견 을 경청한다는 소식은 내 식견이 짧은 탓인지는 몰라도 지금껏 들을 바가 없다.

그러면 문재인은 누구의 견해를 좇으며, 어느 사회적 계층의 시선을 두 려워할까? 문재인에게 영향력을 행사할 수 있는 인사들은, 더불어민주당 의 진로를 좌우할 수 있는 집단은 서울대 로스쿨 교수인 J씨 부류의 부유 하고 스펙 빵빵한 강남좌파들이다. 물론 J씨의 단독 드리블만으로 문재 인을 쥐락펴락하고, 더불어민주당을 들었다 났다 하지는 못한다. 강남에 살고 있는 유력 일간지의 정치부 기자들과 주요 방송국들의 피디들이 문 재인과 더불어민주당을 움직이는 보이지 않는 손이라고 하겠다. 강남의 중대형 아파트에 거주할 대학 교수들과 유명 지식인들 역시 문재인과 더불어민주당이 결코 무시할 수가 없는 대주주들일 터이다.

세상에서 가장 무시무시한 권력은 견제 받지 않는 권력이다. 세상에서 제일 공포스러운 권력은 비판당하지 않는 권력이다. 내가 강남패권을 한반도에서 '현대사' 라는 개념이 출현한 이래 가장 무시무시하고 제일 공포스러운 권력으로 평가한 이유다. 한반도 현대사에서 강남패권에 비견할 만한 무소불위의 절대 권력을 구태여 또 검색해 내자면 아마 김일성-김정일-김정은 삼대로 이어지는 북한의 세습 권력일 뿐이리라.

문재인 전 대표의 추종자들과 더불어민주당 지지자들도 삼성을 욕하고, 미국을 욕하고, 서울대를 욕하고, 조선일보를 욕한다. 그러나 그들은 언제부터인가 강남을 욕하지 않는다. 그들이 정확히 어떤 시점부터 어떤 경험과 지침을 계기로 강남 비판을 일제히 멈추었는지에 대해서는 언론의 취재와 학문적 연구가 요구된다.

문제는 그와 같은 언론의 심층 취재와 체계적인 학문적 연구가 진행되기를 바라는 것이 현재로서는 마장동 우시장에 가서 채식주의자를 찾는 격이 되어 버렸다는 점이다. 요새는 웬만한 기자와 교수들은 거의 전부가 죄다 강남에 메뚜기 떼처럼 몰려 살고 있는 상황이기 때문이다. 진정으로 정의가 강물처럼 흐르는 세상을 만들려면 백만 명의 깨어 있는 시민이 아니라, 본인이 강남에 사는 것에 자괴감을 느끼는 단 열 명의 염치 있는 강남구민과 서초구민이 필요한 까닭이 여기에 있다.

강남을 비판하지 않는 삼성 비판은 뜬금없다. 삼성에서 고연봉을 즐기는 임직원들의 대다수는 강남에 산다. 삼성그룹 본사가 왜 군이 강남으로 이전했겠나? 강남을 비판하지 않는 미국 비판은 본질을 빗나간다. 미국의 압력과 입김은 인천국제공항이나 용산 미8군기지가 아닌 강남을 거쳐서 남한 영토에 상륙한다. 심지어 거리의 분위기마저 강남구와 서초구는 도봉구나 중랑구의 풍경보다는 뉴욕과 LA의 모습을 훨씬 더 많이 닮았다. 서울대와 강남은 떼려야 뗄 수 없는 관계가 되었다. 약무강남 시무설대! 강남이 없으면 서울대도 없다. 조선일보는 대한민국 일등 신문이기 이전에 강남의 일등 신문이다. 할 말은 하는 강남이 할 말은 하는 신문 조선일보를 키우고 지탱한다. 고로 강남 개혁 없는 전면적 국가 대개혁? 소가 웃을 일이다. 강남을 성역과 금기로 고스란히 놔두면서 추신되는 구시대의 적폐 청산? 개가 풀 뜯어 먹는 소리다. 강남을 최고존엄으로 섬기는 정권교체? 앞으로 삼 년 안에 박근혜 정권 부활시키고, 박정희 신화 되살리기에 딱 좋은 얼토당토않은 짓이다.

나는 참여정부에 엄청난 공포감을 갖고 있다. 강북과 강남의 격차를 확 벌려 놓은 정권이 참여정부이기 때문이다. 중랑구에서 6명이 서울대를 갈 때 강남구에서 238명이 서울대학교에 간 극단적인 불공정 경쟁을 방치하고 조장한 정권이 참여정부이기 때문이다. 보수 세력에서야 그렇다 치고 급기야 진보 진영 내에서조차 강남에 살지 못하면 어디 가서 명함도 안심하고 내밀지 못하게끔 이끌어 놓은 정권이 다름 아닌 문재인이 계승하겠다는 참여정부이기 때문이다. 다른 사람에게는 어떨지 몰라도 내게는 불평등과의 전쟁은 참여정부와의 전쟁이었고, 불공정과의 싸움은 참여정부와의 싸움이었다.

한 나라가 효율적으로 성장하려면 부정부패가 근절돼야 한다. 한 사회가 균형 있게 성숙하려면 불평등이 해소되어야만 한다. 이명박 정권과 박근혜 정권이 부정부패를 심화시켰다면, 참여정부는 불평등을 고착화시켰다. 고로 박근혜에서 문재인으로 행정부 권력이 이양되는 현상은 부정부패가 참을 만한 고통인지, 아니면 불평등이 참을 만한 고통인지를 국민을 상대로 검증하는 잔인한 정치적 생체 실험에 지나지 않는다. 국민들은 부정부패도 싫고, 불평등도 싫다. 한마디로 둘 다 끔찍하고 지긋지긋하다.

　한국에서 강남의 반대말은 강북이 아니다. 평등이다. 따라서 당신이 평등을 염원하는 원칙과 상식의 인간이라면 '6 : 238의 진보정권'이 다시는 이 땅에 나타나지 못하도록 피와 땀과 눈물을 아끼지 말아야 한다. 월계동의 어느 초등학교에 입학식을 하러 가는 1학년 아이들의 해맑은 눈망울을 보고서 이를 악물고 다짐한 결심이다.

　저 순진무구한 아이들이 스무 살이 되어 갈 무렵에는 아버지 주방에서 닭 튀기시고 어머니 홀에서 서빙하시는 상봉동과 쌍문동의 전교 1등도 정당한 자기 성적으로 서울대를 가고, 아버지 판사하시고 어머니 성악하시는 청담동과 대치동의 전교 1등도 재수 없으면 서울대 진학에 실패하는 정의롭고 평등한, 차별과 특권 없는 나라를 우리는 반드시 만들어야 한다. 그러한 세상이 내가, 우리가 기쁜 마음으로 기꺼이 떠나야 할 '국민과 함께하는 위대한 도전과 모험'의 최종 목적지이다.

대한민국의 계급을 가르는 동작대로

안윤태(회사원)

공희준 작가가 강남 사람들이 강북 사람들을 지배하는 문제에 대해 집중 해부를 하고 있다. 사회의 발전을 위해서 무척 고무적인 일이다.

동작동 국립묘지 근처 이수교 사거리에서부터 과천 방향으로 남태령을 넘어가는 길로 '동작대로' 라고 불리는 도로가 있다. 이 길을 두고 좌측으로는 방배동이 있고, 우측으로는 동작동과 사당동이 놓여 있다. 약 37년 전 내가 이 길의 우측에 있는 어느 고등학교에 입학하여 3년을 다녔었다.

당시 이 고등학교는 막 개교한 신설 학교로 학교 선생님들이 무척 열심히 학생들을 가르치고, 학생들은 우리가 신설 학교에 다니니 열심히 공부해서 우리 스스로 나라에 도움이 되는 인재가 되고 학교도 빛내 보자는 열의가 대단했다. 한 학년에 약 600~700여 명이었는데 명문 대학이라 불리는 대학들에 40~50명씩 입학을 시킬 정도로 명문고로 소문이 났다. 나와 같은 학년에 동문수학했던 동기들 약 40여 명이 서울대에 입학한 것으로 알려져 있다.

　그런데 어느 때부터인가 1년에 수백 명이 집단적으로 명문 대학에 입학하던 이 학교에 어떤 변화가 있었는지 이 학교 출신으로 명문대라고 이름붙은 대학을 가는 숫자가 모두 합쳐서 대략 10여 명 정도로 줄어들었다고한다. 어느 해에는 7, 8명 정도로 숫자가 떨어지기도 한다고 한다.

　왜 이런 일이 벌어졌을까? 가장 큰 이유는 이 도로를 좌우로 두고 사교육의 규모가 극단적으로 차이가 나기 때문이다. 극단적 사교육의 차이가바로 이 도로를 좌우로 두고 계급적 차이를 만들어 놓은 것이다.

　이 도로를 기준으로 방배동 쪽은 집값과 땅값이 극단적으로 그 반대편보다 비싸다. 모두다 사교육이 만들어 놓은 결과물이다. 부모가 되어 자식을 8학군에 진입시키는 노력을 하는 것만으로도 재산이 증식되는 불로소득의 효과도 얻게 되는데 이를 마다할 사람이 어디 있겠는가? 온 가족이 자식들에게 사교육 세례를 퍼붓기 위해서 끊임없이 이 구역 안으로 들어가려는, 사회 전반이 공동으로 만들어 낸 이 비정상은 끊임없는 확대재생산 속에 괴물 같은 시스템으로 안정화되어 있다.

　이 사회는 단언하건대 비정상이다. 그럼 이게 왜 비정상인가? 강남 출신만 판사를 하고 강남 출신만 의사를 하고 강남 출신만 대학 교수를 하고강남 출신만 기자를 하고 강남 출신만 방송국 피디를 하는 것은 아닐지라도 이런 직업군들에 속하는 사람들의 압도적 다수가 강남 출신이 될 것이라는 데는 이론의 여지가 없다. 강남이 아닌 다른 지역 출신으로 판사를하고 의사를 하고 대학 교수를 하고 기자를 하고 방송국 피디를 하는 사람들이 소수가 되면 그것은 강남이 대한민국을 지배하는 사회라고 말하지않을 수 없다.

강남의 사교육 창궐의 원형을 모사하고 재생시켜 놓은 미니 강남은 서울 목동에도 있고, 대구 수성구에도 있고, 분당 서현동에도 있고, 성남 판교에도 있다. 그런 곳을 출신 지역으로 둔 학생들은 명문 대학에서 만나면서 서로 비슷한 분위기에서 중고 시절을 보낸 섯을 확인하고 모두 한통속이 되고 만다. 한통속이 되면 조윤선 전 장관처럼 영혼 없는 인간으로 우리 서로 이해하지 않느냐는 분위기 속에서 너무도 쉽게 범죄 시스템의 하수인이 되는 것이다.

최순실이 저지른 정유라 사건은 바로 강남 사교육의 극단적 민낯과 그 사교육을 뛰어넘는 불법조차 강남에서는 국가를 위한 훌륭한 일이라는 식으로 몰염치하게 받아들여진다는 사실을 보여 준다. 당연히 그런 몰염치와 불법을 저지른, 배웠다는 강남형 인간들은 뻔뻔하기 이를 데 없다.

반면 압도적인 다수의 학생들은 이 사교육 광풍 속에 자신들을 들이밀지 못한 부모를 탓하며 인생의 낙오자 대열에 십대 초반에 합류하게 된다. 그리고 그들이 분노를 시작하는 데는 오랜 시간이 걸리지 않는다. 국가는 이 학생들이 노예처럼 비정규직으로 가난하게 살게 되는 상황을 내버려두고 개선하려는 노력을 거의 하지 않는다는 사실을 이 학생들은 비관하고 있다. 그래서 붙은 대한민국의 다른 이름이 '헬조선'이다.

걷잡을 수 없이 만연해 가는 대한민국이란 국가 사회의 병리 현상, 혁파되어야 한다. 그렇지 않고는 지난 5개월여 백성이 분연히 떨쳐 일어나 만들려는 더 나은 사회를 이루어 낼 수 없다. 이제 정치인들이 사회의 계급을 가르는 동작대로의 문제에 답을 해야 할 시간이 점점 다가오고 있다.

박근혜와 문재인 :
악의 비범함과 무능의 평범성

역시 박근혜였다. 헌법재판소에서 탄핵소추안이 '8 대 0' 전원일치 판결로 인용되어 대통령직에서 파면된 박근혜 전 대통령의 태연하다 못해 아예 천연덕스러운 모습은 국민을 분노와 경악을 훌쩍 뛰어넘어 거의 멘붕에 빠뜨렸다.

그의 대변인격인 자유한국당 소속 민경욱 의원이 전해 준 박 전 대통령의 불명예 퇴진 심경에는 어떠한 사과의 뜻이나 일말의 반성의 빛도 들어 있지 않았다. 그는 '진실은 밝혀질 것'이라는 적반하장의 반응을 내놓으면서 본격적인 싸움은 이제부터라는 식의 독기 어린 선동적 메시지를 그의 골수 지지층에게 보냈다. 박근혜 대통령 탄핵은 끝이 아닌 다만 시작일 뿐이라는 냉엄한 현실을 그는 국민들에게 통렬하게 일깨워 주었다. 박근혜 탄핵을 축하한다며 탄핵 선고 다음날인 토요일 저녁에 광화문광장에 모였던 국민들은 샴페인을 일찍 터뜨려도 너무 일찍 터뜨렸던 셈이다.

21세기판 폐주가 되어 버린 박근혜를 통해 우리가 다시금 쓰디쓰게 확인한 사실은 거악의 비범함이다. 지질한 조무래기 악당이 아니라 역사에 뚜렷한 생채기를 남기면서 후세로부터 두고두고 욕먹는 특별한 악당이 되려면 정상인과 소시오패스를 가르는 높은 담장 위를 아슬아슬 걸을 정도의 병적이고 기괴한 심리 구조가 필요하다. 박근혜 전 대통령이 참여정부 최고존엄처럼 혹시나 있을지 모를 불상사를 빚어낼지도 모른다고 걱정한 사람들은 인간 박근혜를 잘못 봐도 한참 띄엄띄엄 잘못 봤다고 하겠다.

되레 심적인 고통을 호소한 당사자는 박근혜 전 대통령에게 파면 선고를 내린 이정미 헌법재판소 권한대행이었다. 양심적 정상인과 이상심리의 비성상인이 싸우면 승패와 관계없이 언제나 정상인 쪽이 더 괴롭고 힘든 법이다. 그렇다고 똑같은 사이코패스를 헌법재판소 재판관으로 앉힐 수도 없는 노릇이니 참으로 난감한 상황이다. 제대로 된 확실한 검증 작업 없이 단지 아버지가 누구라고 해서 아무나 덜컥 대통령에 뽑아 놓은 후과이자 자업자득이다.

박근혜의 사전에서 '잘못'이라는 개념은 잘못을 인정하는 바로 그 순간부터 생겨난다. 따라서 박근혜 전 대통령은 본인의 입장과 눈높이에서 바라볼 때 잘못한 일이 전혀 없다. 그러므로 그가 스스로의 잘못을 진정으로 인정하는 일은 앞으로 영원히 없으리라. 잘못을 인지하지도, 인정하지도 못하는 사람을 벌주는 일처럼 이 세상에 곤혹스러운 경우는 드물다. 왜냐면 벌이란 죄인을 개심시키는 것을 근본 목적으로 전제하기 마련인데, 박근혜는 그 어떤 처벌을 받든 개전의 정을 보이지 않을 터이기 때문이다.

잘못이 없는 사람을 벌주면 그건 탄압이고 핍박이고 보복이다. 박근혜와 그의 극렬 추종자들이 박근혜 전 대통령의 집권 기간 동안 벌어진 헌법 유린 사태와 국정 농단 사건에 대한 모든 조사와 일체의 추궁을 탄압이라고, 핍박이라고, 보복이라고 우길 것으로 전망되는 연유다. 태어날 때야 당연히 그러지 않았겠지만, 칠순을 바라보는 나이의 지금 박근혜는 육체의 통증은 느껴도, 마음의 아픔은 느끼지 못하는 괴물이 되어 버렸다. 박근혜를 향한 동정과 연민이 별다른 소용이 없는 이유다. 그는 정말 비범한 사람이다. 정상이 아니라는 의미에서의 비범한 것이 탈이고, 문제겠으나….

정신 상태가 정상이 아니라는 의미에서 비범했던 전직 대통령이 깊고 총체적인 위기의 구렁텅이로 몰아넣은 나라를 정상적 상태로 복원시켜 놓으려면 능력이 보통이 아니란 뜻에서 비범한 새로운 대통령이 나타나야만 한다. 더욱이 요번에는 사상 초유의 대통령 탄핵에 뒤이은 사상 초유의 조기 대선이 치러진다. 조기 선거는 대선 후보에 대한 검증이 부실하게 이루어질 커다란 위험성을 동반할 수밖에 없고, 설상가상으로 투표일과 취임일 사이에 존재해 온 두 달여 간의 인수위원회 활동 기간이 20대 대통령에게는 주어지지 않는다. 웬만큼 유능한 정치인이 아니고서는 준비된 대통령이 되려야 될 수가 없는 형편이다.

일반 기업체들에서조차 신입 사원을 선발할 때면 수습 기간을 두곤 한다. 또는 정식 직원으로 채용하기에 앞서 일정한 시간을 인턴으로 근무하게 하면서 직무 능력을 관찰, 시험한다. 상당수의 언론과 국민들은 박근혜 전 대통령을 오랫동안 충분한 검증을 거친 인물로 판단했었다. 그는 한나라당 비상대책위원장으로부터 대통령으로 당선되기까지 무려 팔 년 동안을 제1야당과 집권 여당의 당대표로 줄곧 머물렀다, 그럼에도 그의 비범함을 소상히 밝혀 내지 못했다.

'역시나 박근혜'의 상대편에는 '저러니까 문재인'이 있다. 문재인에 대한 검증은 박근혜에 대한 검증에 견주면 전연 없는 것과 진배없다. 대선 후보 검증이 가장 치열하고 밀도 있게 진행되어야 할 기간이 하필이면 탄핵 정국과 겹치는 바람에 그는 언론의 예봉과 여론의 그물망을 운 좋게 피해 나갈 수 있었다. 만에 하나 문재인 전 더불어민주당 대표가 대통령으로 선출된다면 그는 대통령 직선제가 부활한 1987년 이래 제일 엉성하고 유명 부실한 검증을 통과해 청와대에 입성한 인물로 평가될 것이다

그를 둘러싸고 현재까지 전개되어 온 양상들을 종합적으로 판단하면 문재인은 능력이 비범한 인물로 여겨지지는 않는 분위기이다. 심지어 박근혜 추종자들 못잖게 맹목적이고 광신적이라고 악평이 자자한 문재인 지지자들마저도 문 선 대표를 능력이 뛰어난 사람이라고 대놓고 추켜세우지는 않는다. 그들이 내세우는 문재인의 장점은 주로 개인적 성격에 관련된 소소하고 일상적 사항들뿐이다. 사람이 좋다느니, 마음이 순수하다느니 따위가 그것들이다.

성격도 능력의 일부분이기는 하다. 허나 성격이 능력의 전부일 수는 없다. 정신 상태가 비범한 대통령이 초래한 심각한 경제 위기와 안보 위기에 동시에 직면한 대한민국의 최고 통치권을 성격이 능력의 전부인 사람에게 맡겨서는 곤란하다. 나라의 국권을 일본에 빼앗긴 망국의 군주 고종 황제도 사람 좋다는 소리는 자주 들었더랬다.

우리 민족이 무능한 임금이나 무능한 대통령을 겪은 게 기실 어제오늘 일은 아니다. 5천 년 한국사에는 무능함으로 본인의 신세도 망치고, 나라의 미래도 망쳐 놓은 어리석고 졸렬한 국가 지도자들의 이름과 면면이 적잖이 발견된다. 그런데 그러한 범인들의 무능함에는 다 자기 나름의 사연과 핑계거리가 있었다. 한마디로 콘텐츠 있는 무능함이었고, 스토리 있는 무능함이었다. 연산군은 어머니 폐비 윤씨가 사약을 받은 영향으로 무능했고, 철종과 고종은 팔자에 없던 국왕이 갑자기 된 탓에 무능했으며, 김영삼 전 대통령은 민주화 운동만 하느라 역량을 키울 틈이 없어서 무능했으며, 박근혜 전 대통령은 최태민-최순실 모녀에게 비유적 표현으로 뇌수

술을 당한 다음 냉혹한 선거 기계로 양육된 까닭에 무능해졌다. 그들은 곡절 많고 가슴 절절한 '무능의 비범함'을 빚어 냈다.

반면에 문재인의 무능함은 유대인 정치철학자 한나 아렌트가 설파한 '악의 평범성'의 아류라고 할 무능함의 평범성 그 자체다. 그는 대중의 시선을 확 잡아 끌 수 있는 자신만의 감동적인 무능함의 계기를 여태껏 보여 주지 못했다. 콘텐츠도 없고, 스토리도 없는 그저 따분하고 무미건조한 이유 없는 무능함일 따름이다. 물론 문재인 전 대표는 사법연수원을 우수한 성적으로 이수해서 변호사 자격증을 취득하는 남다른 지능과 수완을 과시하기는 했다. 그런데 그것이 대통령으로서의 유능함으로 곧장 연결되기는 무리다. 그는 참여정부 최고존엄의 장례식을 원만히 무탈하게 진행하기도 했다. 하지만 그 업적 한 가지 만으로 그의 통치자로서의 유능함을 주장하기에는 턱없이 모자라다.

민주주의는 평범한 범부도 대통령이 될 수 있는 어찌 보면 매우 허술하고 낭만적인 정치 체제다. 그렇지만 무능한 범부가 대통령 직책을 계속 유지하도록 수수방관하지 않는 매섭고 무서운 시스템이 민주주의이기도 하다. 민주공화국의 대통령이라는 자리는 무능해서는 안 되고, 평범해서는 더더욱 안 되는 자리다. 복잡하고 난해한 장단기적인 국가적 현안과 과제들을 슬기롭고 매끄럽게 풀어 나갈 수 있는 효과적 정책과 과학적 해법들을 때늦지 않게 제시해야만 하는 자리이자, 국민들에게 꿈과 희망과 영감과 용기를 쉼 없이 불어넣어 줄 수 있는 희생적이고 헌신적인 솔선수범의 리더십을 발휘해야 하는 자리다. 무능한 것도 무능함이 되지만, 평범한 것도 무능함이 되는 살벌하고 막중한 자리가 대통령 자리가 되는 까닭이 다름 아닌 여기에 있다.

문재인은 그야말로 평범하다. 평범해도 그냥 보통 평범한 것이 아니다.

비범할 지경으로 평범하다. 비범의 극치를 달린 박근혜의 후계자로 평범함의 화룡정점을 찍는 문재인이 이 엄중하고 하수상한 시절에 나라의 운명과 국민의 생사를 이끌 것이라는 생각에 머릿속이 아득하게 히얘질 사람들이 비단 나 혼자만은 아니리라. 나라야 망하든 말든 나와 내 가족만 잘 먹고 잘살면 그걸로 장땡이라는 평범한 생활의 지혜를 내가 아직도 깨닫지 못한 탓일까?

박근혜 시대의 대한민국이 일개 강남아줌마가 나라를 쥐락펴락하고 국정을 들었다 났다 하는 비범한 막장극의 세상이었다면, 문재인 시대의 대한민국은 국민들 모두가 제 잇속을 악착같이 챙기는 평범한 생활인이 될 것을 권유하는 속물적인 사회가 될 듯하다.

'계급영향평가'를 아시나요?

'계급영향평가'는 특정한 제도나 정책이 사회의 각기 다른 계급들에게 미치는 영향을 사전에 종합적으로 예측하고 평가하여 제도의 도입과 정책의 실행 여부를 결정하는 일을 말한다. '환경영향평가'를 준용해 만들어진 절차적 작업으로 이를테면 안철수 전 국민의당 대표가 공약한 학제 개편 방안이 아버지 주방에서 닭 튀기시고 어머니 홀에서 서빙하시는 강북 서민층 주거 지역의 공립 초등학교 6학년 학생과, 아버지 판사하시고 어머니 성악하시는 강남 부자 동네의 사립 초등학교 6학생 학생의 운명과 진로에 상반되는 영향을 미칠 가능성이 크기 때문이다.

계급영향평가의 잣대에 비추어 봤을 때 참여정부가 막무가내로 밀어붙인 로스쿨 시스템은 아버지 판사하시고 어머니 성악하시는 압구정동과 청담동의 8학군 금수저들에게는 판검사 벼슬을 안정적으로 보장해 주고, 아버지 주방에서 닭 튀기시고 어머니 홀에서 서빙하시는 상봉동과 가리봉동의 평범한 서민 가정의 자제들에게는 대를 이어 힘들게 치킨집을 차릴 것을 강요하는 대단히 수구 반동적인 시책이었다. 그러므로 평상시에 정치인들이 추진하는 정책을 판단할 경우에도, 선거 때에 후보들이 발표하는 공약들을 검증할 경우에도 '계급영향평가'의 원칙과 기준을 철저하게 적용해야 할 필요가 있다.

　'환경영향평가'와 '계급영향평가'의 근본적 차이점은 전자가 환경의 보전을 목적으로 삼고 있는 데 비해서, 후자는 헌법상으로는 존재하지 않아도 현실에서는 실제적으로 강력하게 엄존하는 계급 차별을 최종적이고 불가역적으로 제거하는 데 있다.